Gestão Estratégica
do **DESIGN**
Como um
ótimo
design
fará as pessoas
amarem
sua empresa

Gestão Estratégica do **DESIGN**
Como um ótimo design fará as pessoas amarem sua empresa

Robert Brunner e Stewart Emery

Com Russ Hall

M.Books do Brasil Editora Ltda.

Rua Jorge Americano, 61 - Alto da Lapa
05083-130 - São Paulo - SP - Telefone: (11) 3645-0409
www.mbooks.com.br

Dados de Catalogação da Publicação

Brunner, Robert; Emery, Stewart

Gestão Estratégica do Design: como um ótimo design fará as pessoas amarem sua empresa 2010 – São Paulo – M.Books do Brasil Editora Ltda.

1. Marketing 2. Design em Marketing 3. Criatividade em Marketing

ISBN: 978-85-7680-084-2

Do original: Do you matter? How great design will make people love your company

©2009 Original em inglês publicado pela FT Press
©2010 M.Books do Brasil Editora Ltda. Todos os direitos reservados. Proibida a reprodução total ou parcial. Os infratores serão punidos na forma da lei.

Editor: Milton Mira de Assumpção Filho

Tradução: R.Brian Taylor
Produção Editorial: Beatriz Simões Araújo
Coordenação Gráfica: Silas Camargo
Projeto Gráfico, Capa e Diagramação: Crontec

Depoimentos

"Mais do que um novo livro sobre design, esta publicação é decisiva na construção de um entendimento sofisticado e absolutamente profundo sobre a verdadeira e definitiva contribuição estratégica do design. Brunner e Emery detalham de forma prática, através de cases altamente vencedores, como determinadas marcas se tornaram relevantes através de experiências completas, conduzidas através de uma abordagem integral design, que contempla toda a oferta de uma empresa; produtos, serviços, ambientes, relacionamentos, etc.

Uma leitura fácil e agradável, obrigatória para profissionais e especialistas, e certamente reveladora e provocativa para executivos e empresários."

– **Luciano Deos** *Especialista em branding e design, sócio-fundador e presidente do GAD, consultoria de serviços de marca, e presidente da ABEDESIGN – Associação Brasileira de Empresas de Design*

"O que há menos de uma década não fazia muito sentido e beirava o supérfluo para boa parte das empresas, hoje se torna parte do discurso contemporâneo da inovação.

Os autores exploram questões novas e sempre pertinentes ao design, que, inesperadamente, não visam ao bom design, mas já partem dele. Ou seja, design não mais como o final, mas parte das estratégias de partida.

O cuidado dos autores na construção de seu pensamento merece especial menção, pois se colocam explicitamente contra a tentação das fórmulas de sucesso ou o que chamam de 'design mantra'. Inovação não é simples novidade.

Idéias e experiências não são reduzidamente replicadas. O que Brunner e Emery consideram 'great design' envolve o bom produto e o bom entorno. Há o imaterial a ser considerado, a experiência do relacionamento, enfim, a relevância.

Design. Você se importa? Você se questiona? Quem se importa se questiona, problematiza situações e pensa diretamente nas pessoas. Quem se importa se compromete e projeta com conseqüência e, portanto, projeta para as pessoas.

Certamente, uma leitura fundamental a todos que interagem com design."

– **Ana Lucia G. R. Lupinacci** *Diretora do curso de graduação em Design da ESPM e Coordenadora do Núcleo de Estudos em Design da mesma instituição*

"O design tornou-se um componente decisivo no novo cenário competitivo e está dividindo as empresas do segmento de bens de consumo e serviços em dois grandes grupos, as que utilizam o design de forma sistemática e intensiva, e as que ficaram para traz.

Este livro traz informações, conceitos e exemplos explicativos extremamente úteis para quem utiliza o design de forma sistemática intensiva."

– **Fabio Mestriner** *Designer, Professor Coordenador do Núcleo de Estudos da Embalagem da ESPM – Escola Superior de Propaganda e Marketing*

"A chegada ao mercado editorial nacional da tradução do livro *Gestão Estratégica do Design*, de Robert Brunner e Stewart Emery, é mais uma contribuição que vem, de forma técnica e profissional, aprofundar os conceitos de design no contexto contemporâneo. Seus exemplos e suas conceituações demonstram, de modo claro e objetivo, as estratégias e a complexa gestão na área do design, onde o *shape* final não é obra do acaso, mas de uma soma de inúmeros fatores emocionais e comportamentais aliados à tecnologia."

– **Auresnede Pires Stephan (Eddy)** *Consultor, Designer e Professor*

"Este é um livro para os novos tempos. O conceito de cadeia de suprimentos de experiência do consumidor é genial, e a gestão da empresa focada no design, uma revolução.

Vejo esse livro como um salva-vidas para as empresas que ainda não descobriram a importância do Design Experience no futuro de seus negócios.

As empresas que estão brilhando adotaram os modelos propostos pelo livro: gestão da inovação orientada pelo design e a genial cadeia de suprimentos da experiência do consumidor."

    – **Lincoln Seragini** *Presidente da Seragini-Branding/Design Innovation*

"Contar grandes histórias através do design leva a experiências que seus clientes adorarão. Este livro descobre os caminhos para o design de classe mundial que importa para as pessoas, e aos lucros que os acionistas apreciam."

    – **Sam Lucente** *Vice-presidente, HP Design*

"Ser voltado para o design não significa apenas fazer produtos maravilhosos. Significa como uma empresa consegue transmitir uma idéia emocional positiva para os clientes. Este livro nos mostra como implantar um design ótimo na sua cultura comercial."

    – **Sang-yeon Lee** *Diretor, Samsung Design America*

"Se seu interesse é marca e design, *A Gestão Estratégica do Design* se atreve a fazer as perguntas difíceis e se aventura a respondê-las com discernimento e clareza. Bom trabalho Brunner e Emery!"

    – **Todd Wood** *Vice-presidente, desenho industrial, Research in Motion*

"Com sua avaliação totalmente honesta sobre muitas marcas e produtos que se alastram em nossas vidas, Brunner e Emery não deixam dúvidas de que o design de experiências centradas no cliente é a chave para transformar as empresas. Você precisa ler este livro."

    – **Darrel Rhea** *CEO, Cheskin Added Value*

"Ninguém conhece desenho industrial e seu impacto nas empresas melhor do que Robert Brunner. Neste livro, Brunner e Emery mostram por que o design é importante. Esta é uma leitura obrigatória para todos aqueles que precisam entender o impacto poderoso do design."

    – **Phil Baker** *Autor,* From Concept to Customer

1

Design É Importante   16

Design é o mantra do momento – o que isso significa exatamente e por que você se importa? • Como Michael Dell recebeu uma ovada • Por que "design ou a morte" deveria ser o novo mantra • Bem-vindo à "administração da rede de fornecimento da experiência dos clientes".

2

Você É Importante?   30

Quem é você? • O que você faz? • Por que você é importante? • A sua empresa é importante? • Três perguntas que você deve responder se sinceramente se importar com seu futuro • Lições de algumas "tentativas e falhas" de nomes famosos • Mais 8 perguntas das quais você precisa saber as respostas • O mundo seria mais sombrio sem você?

3

Como Ser Importante   46

O que o design pode fazer por você • Não apenas jogue o jogo – mude-o! • Como o design se comunica com as pessoas • Como o design de produtos e serviços cria uma conexão emocional com seus clientes • O uso do design para criar um relacionamento com o cliente que é importante • Como usar um design excelente para reinventar uma indústria • Como designs excelentes constroem marcas à prova de balas.

4

Ser Voltado para o Design   70

Design como um conceito total • Como as empresas icônicas voltadas para o design se comportam • Um exame sobre o que a sua empresa precisa fazer para se tornar voltada para o design • Como empresas como a Nike, Apple, BMW e IKEA se comportam e como o design está embutido em suas culturas • O papel da pesquisa • Por que um pouco de pesquisa é bom e muito mais é ruim • Usar o talento para transformar dados em design excelente • Por que usabilidade não significa o mesmo que utilidade • Como o teste da usabilidade pode destruir a alma de um design.

5

Sua Marca Não É Seu Logotipo   98

Por que a sua marca não é o que você diz que ela é • O que realmente é a sua marca e quem determina isso • Como a sua marca é algo vivo • Onde "mora" a sua marca (e não é no escritório corporativo central) • O papel do design em marcas feitas para durar • Como a Coca-Cola quase perdeu sua marca • Como comunicar o que é a sua marca.

6

Produtos como Portais   120

Por que você nunca quer ter um dia como o de Zhang Ruimin • Produtos como portais para as experiências que importam para os clientes • Como o Home Depot obteve uma nova linha adicional • Fuego e como construir uma churrasqueira melhor • Como usar o design para a "rede de fornecimento da experiência dos clientes" • Como planejar uma ótima experiência com uma promessa consistente entre os múltiplos pontos de toque.

7

Seus Produtos e Serviços Estão Falando com as Pessoas   144

Como certificar-se de que eles estão dizendo a coisa certa • O que é a linguagem do design? • Por que ela é importante? • Como você realmente cria e administra a linguagem da sua empresa • Pensar estrategicamente • Estratégia eficaz do design • Como pensar sobre o design como uma arma comercial • Construir sua marca do produto.

8

Construindo uma Cultura Voltada para o Design   164

Por que um bom design é trabalho de todos • A importância da cultura para o design • Por que é demorado mudar a cultura • Por que precisamos dar suporte ao risco em vez de administrá-lo • Por que o risco deve ser entendido – e não evitado • Como o design inovador consegue definir novos terrenos que são valorizados pelos seus clientes • Como a sua empresa usa o design para abrir novos espaços • Como administrar o design a partir do topo • Por que designs excelentes exigem fé e compromisso • Como administrar recursos criativos para obter o melhor deles.

9

Siga em Frente e Seja Importante   188

Notas   194

Índice   198

Sobre os Autores

A carreira de **Robert Brunner** como designer industrial é icônica na área de alta tecnologia. Como diretor de design industrial na Apple Computer, ele fundou o Grupo de Design Industrial e desenvolveu o Macintosh PowerBook original, o Newton e o Mac do 20° aniversário – um prelúdio para o iMac. Como parceiro na Pentagram, uma das empresas de design mais influentes do mundo, ele trabalhou com empresas da Fortune 500, incluindo Nike, Microsoft, Hewlett Packard, Dell e Nokia, e também desenvolveu novos produtos para muitas empresas globais. No início de 2007, Robert fundou a Ammunition, uma empresa de consultoria no desenvolvimento de design, marca e interatividade de produtos. O design de seus produtos ganhou muitos prêmios da Industrial Designers Society of America (Associação de Designers Industrial da América) e da *Business Week*, incluindo oito premiações como o melhor da categoria. Seu trabalho está incluído na coleção de design permanente no Museu de Arte Moderna (MoMA). Robert também leciona design avançado de produtos na Universidade de Stanford.

Stewart Emery é co-autor do *best-seller* internacional *Success Built to Last*. Ele tem vasta experiência como empresário, diretor de criação, consultor de cultura corporativa e treinador de executivos. Nas últimas três décadas, ele conduziu mais de 12.000 entrevistas de treinamento e é considerado um dos pais do Movimento do Potencial Humano. Stewart atua como professor visitante na Faculdadede Administração da Universidade John F. Kennedy. Autor de outros dois livros *best-sellers*, *Actualizations: You Don't Have to Rehearse to Be Yourself* e *The Owners Manual for Your Life*, Stewart Emery liderou *workshops*, seminários e deu discursos no mundo todo. Como consultor, ele fez perguntas que levaram MasterCard à sua lendária campanha "não tem preço".

Dedicatória

Eu gostaria de dedicar este livro às duas pessoas mais importantes da minha vida. Primeiramente, meu pai Russell, um engenheiro dedicado que instigou em mim o fascínio sobre como as coisas funcionam e cuja excelência em sua carreira sempre me inspirou.

Em segundo lugar (e não menos importante) à minha esposa Elizabeth, que me apóia todos os dias de minha vida, constantemente me lembrando que posso realizar o que quiser se me propuser à tarefa.

Robert Brunner
Maio de 2008

À Joan, que é minha melhor amiga, parceira e esposa. Ela continua a me lembrar que é a qualidade de nossa experiência de estarmos vivos que realmente importa. Sou extremamente grato pela nossa vida juntos.

E à memória de meus pais e padrinhos. Eles me inspiraram a amar literatura, música e design. Eles me introduziram nas aventuras do processo criativo.

Stewart Emery
Maio de 2008

Agradecimentos

À medida que revíamos nossas conversas e trabalhávamos com pessoas talentosas, comprometidas em usar o design ótimo para resultar em experiências excelentes para pessoas no mundo todo, fomos constantemente lembrados de que uma única idéia às vezes precisa de centenas ou milhares de pessoas talentosas para alcançar uma implementação excelente. Tendo em mente esta realidade, somos gratos a todas as pessoas talentosas que trabalharam conosco para tornar este livro uma realidade. Muitos se tornaram bons amigos.

Tim Moore, vice-presidente e editor da Wharton Publishing e impressões da FT Press, proporcionou acesso aos recursos da Pearson, a maior editora do mundo. Com sua enorme generosidade de espírito e paciência infindável, Tim nos apoiou durante toda a trajetória.

Igualmente importante, ele disponibilizou uma equipe excelente para *Gestão Estratégica do Design*. Nosso agradecimento especial a Christina Brianik (especialista em permissões), Megan Colvin (gerente assistente de marketing), Krista Hansing (editor de cópia), Sarah Kearns (revisora de texto), Chelsey Marti (editor de projeto), Erika Millen (indexadora), Amy Neidlinger (editor associado e diretor de marketing), Julie Phifer (gerente de marketing digital), Brandon Smith (assistente de marketing) e Dan Uhrig (comprador de manufatura).

Russ Hall (nosso parceiro na escrita) trouxe o toque mágico de um contador de histórias para as páginas de um livro comercial, cujo resultado foi que nós mesmos curtimos a leitura deste livro!

Muito obrigado a Michael Bierut e Yve Ludwig, na Pentagram New York, que desenharam a capa e o formato para o livro. E também a Amy Neiman que, juntamente conosco aqui em São Francisco, trabalhou no design.

Também somos gratos a Kit Hinrichs, na Pentagram São Francisco, que muito nos ajudou na pesquisa de estudos de casos para este livro, juntamente com sua parceira de escrita Delphine Hirasuna.

Obrigado a Bill Burfnett, da Universidade de Stanford, que indiretamente proporcionou a faísca ao pedir ao Robert que desse aulas na Universidade, criando, assim, a oportunidade de fazer aos alunos as perguntas que levaram à idéia deste livro.

Nosso apreço também vai para Coralie Langston-Jones, do Social Blueprint, e Laura Czaja, da Pearson, por nos ajudar a espalhar as palavras deste livro.

E um agradecimento especial para a equipe da Ammunition, que não apenas proporcionou suporte às nossas muitas sessões na sala de conferência "aquário", mas também por ter agüentado o Robert quando ele se tornava totalmente distraído de seu emprego regular por muitas semanas. E agradecemos a Meghan Durney e Margaret Kessler por coordenarem muitas coisas para nós.

Nosso agradecimento especial ao Phil Baker por ter nos apresentado e sugerido que colaborássemos em um livro que apresenta o design ótimo como um conceito total. Phil tem sido um grande amigo nosso por muitos anos e é um campeão incansável do design ótimo como estratégia para fazer com que os consumidores amem uma empresa. Além de ser um engenheiro talentoso, com bons olhos, Phil tem levado muitas idéias do conceito para o consumidor.

Muito obrigado,

Robert Brunner e Stewart Emery
São Francisco, Califórnia / Junho de 2008

Design É Importante

Design é o mantra do momento – o que isso significa exatamente e por que você se importa?

Em 1997, pouco depois de Steve Jobs retornar para a Apple, perguntaram ao fundador e chairman da Dell, Michael S. Dell, no Gartner Symposium e ITxpo97, como ele consertaria a financeiramente problemática Apple. "O que eu faria?", Dell disse, "Eu fecharia as portas e devolveria o dinheiro para os acionistas".

Ele não tinha a mínima idéia de que dez anos depois estaria engolindo essas palavras quando a capitalização de mercado da Apple ultrapassou não apenas os USD$64 bilhões da Dell (USD$47 bilhões na época em que este livro foi escrito), mas também a da IBM. Em meados de 2007, a Apple era o fabricante de computadores mais valioso do mundo. Sua capitalização de mercado aproximou-se dos USD$162 bilhões, USD$6 bilhões a mais do que o peso-pesado da indústria, a IBM. Na mesma época, a capitalização de mercado da Apple era a quarta maior entre as empresas de tecnologia, ficando atrás apenas de Cisco (USD$189 bilhões), Google (USD$208 bilhões) e Microsoft (USD$290 bilhões).

A mensagem: "A Apple é importante".

A pergunta: "O que podemos aprender?".

No segundo dia após o retorno de Jobs à Apple, Tim Bajarin, reconhecido como analista líder e futurista, cobrindo o campo de computadores pessoais e tecnologia para consumo, foi convidado para uma reunião. Uma das perguntas que Bajarin fez a Jobs foi como ele planejava colocar o mercado de computadores de volta no caminho da lucratividade. Para sua surpresa, uma das soluções fundamentais oferecida foi "design industrial". Na época, isso não fazia sentido. Entretanto, a Apple logo introduziu os revolucionários iMacs, com suas cores vibrantes, surpreendendo a indústria abarrotada e seus enfadonhos PCs beges. A Apple continuou com a introdução do iPod, iMacs cada vez mais finos e o iPhone, aclamado pelo colunista da *PC Magazine*, Lance Ulanoff, como "o produto mais importante do ainda jovem século 21". Agora a empresa está abalando o mercado de notebooks com o finíssimo, levíssimo e estiloso MacBook Air, e enveredou-se no mercado de aluguel de vídeos com a Apple TV.

A Apple construiu uma cultura voltada para o design que sabe como se conectar com seus consumidores de maneira profundamente emocional. Os produtos da Apple são portais para um cardápio fabuloso de experiências contínuas, que são importantes para muitos de nós.

Com o tempo, Michael Dell construiu uma fábrica de computadores brilhantemente projetada e com entrega colossal. Por muito tempo (de acordo com os padrões tecnológicos), a Dell foi uma presença imbatível no mercado. Os tempos mudaram. Logo outros fabricantes dominaram a gestão da rede de fornecimento, o que agora é o preço de admissão. O PC, em si, foi relegado ao status de *mercadoria em demanda*.

O que fazer?

Tornar-se brilhante em usar o design para proporcionar uma experiência fabulosa para o consumidor.

A maioria das pessoas está propensa a definir design mais rigorosamente do que deveriam. Queremos que você considere uma visão mais ampla da abrangência e significância do design.

É isso que é preciso fazer. Este seria um dos motivos para você se importar com o design.

Você sabe que o design está na mente de todos – é quase um mantra. Você vê um produto novo – um carro, um iPod ou o mais moderno telefone celular – e poderá pensar que um processo bastante direto esteve envolvido no design do produto. Em alguns casos, essa é a verdade, porém, não tão freqüentemente. Na realidade, o processo que resulta em um bom design

– a personificação física do produto e como ele se parece e é sentido pelo consumidor, o que é muito importante para o sucesso – é muitas vezes impulsionado por descobertas felizes e inesperadas, em vez do entendimento integrado do impacto do design na noção mais ampla de um produto ou negócio. Descobertas ao acaso e inesperadas são boas – depender delas não é bom!

Achamos que a maioria das pessoas está propensa a definir design, especialmente um bom design, mais rigorosamente do que deveriam. Quando você vê um produto icônico, como um iPhone, por exemplo, que desfruta de um sucesso inicial descontrolado, é fácil não ver o quadro geral de como o produto se encaixa no futuro de uma empresa – e no futuro de produtos similares em geral. Queremos que você tenha uma visão mais ampla da significância do design.

Considere, por exemplo, o caso do telefone Razr da Motorola. Aqui está um produto que pode ser considerado icônico. Historicamente, a Motorola é uma empresa inovadora. O Razr foi um sucesso descontrolado, embora tenha sido, na realidade, um pouco de sorte, isto porque a Motorola nunca realmente entendeu o que ela tinha. Ela apenas surgiu com um desenho atraente e um fator de formato distinto. O Razr era fino – os designers sacrificaram um pouco da área (altura e largura) pela finura. O design combinava com o nome, Razr (lâmina), e deu certo: sua imagem retórica ao redor do produto acendeu uma chama no coração e na mente das pessoas. Inicialmente, a Motorola comerciou o Razr muito bem, mas os esforços, desde então, falharam.

O design não transformou a cultura da Motorola. A empresa tinha apenas um produto, e agora ela está novamente com problemas porque tentou repetidamente

A Motorola parecia não ter percebido o sentido exato do Razr. Em vez de criar novas etapas em termos da experiência com a qual as pessoas se identificavam, uma camada superficial simples do design foi aplicada aos produtos subseqüentes.

extrair lucro apenas deste único produto. Isso não dá certo. Quando escrevíamos este livro, a Motorola explorava outros produtos baseados em sua unidade de aparelhos móveis "para captar novamente a liderança no mercado global e realçar o valor dos acionistas". Quem sabe o que isso significa?! É, na realidade, uma declaração triste. Martin Cooper inventou o telefone celular móvel na Motorola. Vocês se lembram do "Tijolão"? Em seguida, o Startac tornou-se um produto icônico. A Motorola conseguiu ser a pioneira, mas não conseguiu construir uma cultura voltada para o design para estabelecer uma liderança sustentável. Para ser mais exato, a Motorola não importa mais no mercado de telefones móveis.

Este seria outro motivo para você se importar com o design.

A Motorola tentou aplicar uma camada superficial do produto em outros produtos, em vez de dizer: "Qual seria a próxima etapa em criar uma experiência com a qual as pessoas se identificariam?". A empresa não continuou seu crescimento, não continuou construindo e investindo no que fez do Razr um sucesso. Em vez disso, ela tentou imitar, não inovar. A Motorola repetidamente usou a mesma linguagem em modelos diferentes e fatores de formato. Eles adicionaram cores e usaram as mesmas convenções, sem vida ou alma. A empresa tornou-se batida quase que do dia para a noite.

A Motorola não tem uma cultura de design. Ela tem uma cultura de engenharia que tenta ser uma cultura de design. Mas a empresa fundamentalmente falhou em perceber isso. O pessoal de desenvolvimento do produto parecia dizer: "Faremos um produto audacioso e isso será ótimo", mas não desenvolveram a habilidade de consistentemente repeti-lo. No lado do sistema de operações, a Motorola nunca conseguiu projetar uma interface ótima para os usuários de telefones móveis. Como conseqüência disso, a experiência do usuário sofre. Design vai muito além do fator da forma física simplesmente. Existe uma enorme diferença entre um bom design e um ótimo produto. A Motorola não tomou os próximos passos para fazer com que o Razr fosse o portal essencial para a experiência das pessoas com telefones móveis, e não tem conseguido criar sugestões de design consistentes em todos os pontos de referência de consumidores. A Motorola talvez nem saiba que isso é importante – mas é.

Você consegue criar um bom design, fazê-lo uma vez e fazê-lo bem feito, e obter um objeto distinto. Isso não significa que ele será um ótimo produto ou um bom negócio. Ele poderá ter um pouco de sucesso, poderá, até mesmo, ganhar alguns prêmios e ser comentado em alguns *blogs*. Entretanto, a diferença entre um ótimo produto e um produto simplesmente bom é que um produto ótimo personifica uma idéia que as pessoas conseguem entender e aprender – uma idéia que cresce em suas mentes, com a qual elas se envolvem emocionalmente.

A diferença entre um ótimo produto e um produto simplesmente bom é que um produto ótimo personifica uma idéia que as pessoas conseguem entender e aprender – uma idéia que cresce em suas mentes, com a qual elas se envolvem emocionalmente.

Neste exato momento, você poderia desenhar um produto que se pareça com um iPhone, que tenha detalhes e materiais distintos e que se torne um objeto de desejo. No entanto, isso não significa que ele terá sucesso. A menos que você tenha uma idéia forte que permeie o modo como este se parece, como ele opera, o que ele faz, como ele se comunica com as pessoas, qual a sua marca e como as pessoas se identificam com a marca, seu produto não estará completo, isso porque essas coisas fazem parte da criação de um ótimo produto que se torna um bom negócio. *Timing* também é importante. Até começarmos a ter de carregar telefones celulares, câmeras digitais, PDAs, MP3s e muitas vezes um laptop, não tínhamos percebido como queríamos um iPhone que integrasse muitas dessas capacidades combinadas em um único aparelho, compacto e bonito.

Um dos temas centrais deste livro é que o design estabelece o relacionamento entre sua empresa e seus consumidores. Assim sendo, o design completo deve incorporar o que eles vêem, interagir e entrar em contato com eles – todas as coisas que eles experimentam sobre sua empresa e usam para formar opiniões e desenvolver o desejo pelos seus produtos. Não devemos permitir que esses pontos de referência apenas aconteçam. Eles devem ser projetados e coordenados de maneira a levá-lo aonde você quer chegar com seus consumidores – onde você é importante para eles. (E acredite, você quer ser importante.)

Essa abordagem é o design do produto como um conceito total – a operação, o som e a sensação do produto. Incluída no design está a experiência de como você o compra, do que realmente acontece quando você o tem em mãos e abre a caixa, como você começa a se sentir e o que ele comunica a você. E, é claro, há uma cadeia de eventos pela qual você toma conhecimento do produto. Isso também faz parte do design – o que todos esses pontos de referência significaram para você.

A posse do produto é apenas o começo da próxima fase do relacionamento. O que acontece se algo der errado com o produto? O que acontece a seguir? Como você se sente sobre ele? Todas essas coisas precisam estar incluídas na projeção total da experiência do consumidor. Essa noção é algo em que a IDEO (uma empresa de design de Palo Alto fundada em 1991) tem baseado toda a sua prática – a idéia de que o design não está apenas limitado a um aparelho com teclas. Essa idéia se expande na projeção de todas as interações que as pessoas têm com os produtos que criam (ou destroem) o relacionamento que elas têm com sua empresa e determinam se você é importante para elas. Um pouco disso é o design em sua forma mais antiga de criações visuais e materiais, e um pouco envolve a projeção da experiência total. Por exemplo, o que a experiência com o serviço telefônico deveria ser? Como ela foi projetada? Isso porque ela *foi* projetada – seja conscientemente ou à revelia.

A mensagem aqui é: abrace realmente a idéia de design – ou você morrerá. E, ah, sim – seus produtos em si precisam ser ótimos.

Design ou Morte

Para empresas que fazem produtos (ou oferecem serviços), design ou morte é, de fato, o negócio. Os empresários precisam entender como projetar a experiência do consumidor ou serão enterrados no cemitério da irrelevância. A um grau surpreendentemente alto, as indústrias automotivas americanas parecem não entender design. Por quê? Não temos uma resposta satisfatória para esta pergunta. Mas as empresas automobilísticas européias estão constantemente tendo um desempenho melhor do que as empresas americanas em termos de design. Talvez elas não tenham totalmente descoberto como focar nas experiências que querem criar e proporcionar, o que acaba causando um impacto em todo o resto. O que é realmente triste é que, quando a indústria automobilística dos

EUA reinava, design era seu mantra. Pense nas peças cromadas e nas ponteiras. (OK, talvez hoje estejam fora de moda, mas eram bastante modernas naquela época.)

Aqui está outra idéia realmente importante: quando tudo é dito e feito, seu consumidor não se importa com seu processo. Para você, a logística de todas as coisas é importante. O processo de engenharia das coisas, da produção, da análise das estruturas de custos – tudo isso é muito importante. Os empresários adoram tudo isso porque são arquivos em Excel, fáceis de usar e bastante quantificáveis. Mas no final das contas, nada disso importa se a experiência do design for errada. Você poderá basear todas as suas condições de limites em custo, *timing* e oportunidades de mercado, e usar os dados para tomar uma decisão. Durante o percurso, você provavelmente descartará algumas idéias porque elas são muito caras ou levarão muito tempo, terminando, assim, com um produto medíocre que ninguém compra. Um processo perfeito não importa a menos que o design total esteja certo (pergunte à Dell).

> *Quando tudo é dito e feito, seu consumidor não se importa com o seu processo. No final das contas, nada disso importa se a experiência do design for errada.*

A pergunta a ser feita é: "O que é a experiência do design?". Isso é exatamente o que a Apple faz. Ela pergunta: "Qual experiência do design queremos? Vamos fazer o que pudermos com nosso sistema para que ele seja aceito pelo consumidor". Por exemplo, outras empresas tentaram abrir lojas onde as pessoas podem brincar com os produtos e depois comprá-los. A Gateway fez isso e acabou fechando as lojas. A Dell planeja fazer isso. É claro que ela não conseguirá replicar a experiência da Apple, isso porque ela ainda não tem uma cultura voltada para o design.

O iPod é um produto icônico do nosso tempo, um exemplo glorioso de design e sucesso comercial. Então feche os olhos e se imagine segurando um iPod. Agora retire o iTunes, retire a capacidade de comprar a música que você quer por 99¢ sem ter que pagar USD$15 por outras músicas em um CD que você não quer, retire a habilidade de criar listas de músicas, elimine a embalagem, retire as propagandas, apague o logotipo da Apple e feche todas as lojas da Apple. A pergunta que permanece é: "Você

ainda tem um iPod?". Sim, o produto físico em sua mão é exatamente o mesmo, mas o que você tem agora? O que você realmente tem?

Bem, você tem um objeto bem projetado. Ainda é um iPod? Não, não é, isso porque um iPod é um portal para um caleidoscópio de experiências. Um iPod não é simplesmente um objeto. O objeto é um ícone, é um portal para uma experiência.

Produtos são sobre idéias; eles não são simples objetos.

Assim sendo, esta é a enorme distinção que se desenvolve tematicamente por todo o livro. Empresários *bem-sucedidos* em todos os campos se esforçam para entender que eles estão no negócio de projetar a experiência total dos clientes. Chamamos isso de *rede de fornecimento da experiência dos clientes*. O produto físico ou serviço é a parte central – mas, sozinho, não é uma parte suficiente – da equação para o sucesso duradouro. Design é trabalho de todos. É preciso mais do que bons designers para fazer bons designs. É preciso o compromisso de *todos* na empresa – do começo ao fim, de cabo a rabo.

Está claro que a Apple é um exemplo óbvio de uma empresa que entende a rede de fornecimento da experiência dos clientes. No mundo automotivo, a BMW é geralmente vista como um ícone porque ela definitivamente projeta um automóvel excelente; ela se dedica à projeção de experiências mais amplas sobre possuir um carro e o que isso significa para o proprietário individual. Por exemplo, sabemos que a BMW gasta muito tempo não apenas no aspecto estético e nos materiais, mas em questões similares às seguintes: Como ele soa quando a porta é fechada? Como você sente o volante ao manobrá-lo? Essas questões são impelidas não apenas do ponto de vista mecânico – como faremos a porta abrir? –, mas também do ponto de vista do cliente quando ele segura a maçaneta e aperta o botão. Como ele se sente? O cliente fecha a porta e ela emite um som. Como é esse som? Tudo isso são elementos de design.

IKEA é outro ótimo exemplo. Está claro que a IKEA usa design em seus produtos e descobriu como fazer bom design disponível a um custo baixo, mas é mais do que isso. Design também se aplica à natureza da loja. Embora a IKEA tenha desfrutado de um crescimento substancial e agora a experiência não é tão boa como costumava ser, a idéia central de fabricar móveis simples, bem projetados e arrasadores, e apresentá-los nesse ambiente realmente fascinante ainda está intacta. Não é apenas: "Aqui estão os móveis, aqui estão as maneiras diferentes de usá-los e aqui está como você pode...". A idéia é virtualmente auxiliar as pessoas no design e em como elas arranjam suas casas, de modo a apoiar uma experiência ótima de viver, isso com um custo bem baixo. A IKEA representa uma ótima abordagem ao design do produto e uma abordagem realmente ótima ao design da experiência dos clientes.

Na indústria de vestuário, a Nike entendeu a importância do design, e continua entendendo. A Levi Strauss antigamente entendia, mas agora não entende mais – a destruição clássica de uma marca icônica que vai além da compreensão.

Na Nike, as pessoas permanecem intencionalmente focadas na autenticidade atlética. A vasta maioria dos consumidores da Nike não é de atletas. Isso dito, a Nike concentra-se em manter o design de seu produto e marca na órbita do desempenho atlético. Isso é bastante desejável. Pessoas que provavelmente não tenham corrido um metro nos últimos cinco anos usam agasalhos e tênis da Nike, porque isso faz com que eles se sintam autênticos. Para essas pessoas, não é simplesmente o design

Na Nike, a experiência do produto deve sempre ser autêntica ao desempenho do esporte, mesmo quando o cliente final não é um atleta.

da roupa; é o design da mensagem de marketing e dos atletas com os quais elas se associam. "Tiger – você não consegue fazer a tacada dele, mas pode usar suas roupas" é o que diz um pôster da Nike.

Na Nike, o diálogo sempre vai muito além de "estamos projetando relógios e walkie-talkies", mas "o que faz com que este produto seja autêntico para a performance do esporte?". O design deve incluir esse conteúdo, especialmente na fase de definição da categoria, de estabelecer o significado de um produto. Após definir a categoria, a Nike foca mais na moda, influência e como construí-la. Mas isso começa com alguma semente de autenticidade no design.

A Nike sempre incluiu o endosso de celebridades com o mesmo tipo de atenção. Ela garante autenticidade para o atletismo ao incorporar a mensagem de celebridades em toda sua marca, na loja e no design da experiência da Nike. Esse é outro exemplo de design integrado – de administrar a rede total de fornecimento da experiência dos clientes.

Precisamos definir sobre o que estamos falando – o que significa o design. Então, vamos examinar o assunto.

Quando você pensa sobre design, e especialmente a categoria de design industrial, a tentação é começar a pensar sobre o objeto físico e não ir muito além. Assim sendo, vamos além e definir design como o desenvolvimento premeditado e atencioso dos pontos de interação entre você e seu cliente. Essa definição inclui o ponto de interação óbvio das coisas que você toca, usa, come, assiste, escuta ou dirige, e se movimenta para um ponto de interação menos óbvio: o catalisador de todas as emoções que você experimenta quando interage com a empresa de alguma maneira.

Se levarmos essa idéia ao seu ponto de intensidade, o design eficaz estabelece o relacionamento emocional que você desenvolve com uma marca através da experiência total, para a qual um serviço ou produto proporciona um portal. (Estamos nos adiantando aqui, implicitamente levantando a questão apresentada no Capítulo 2, "Você é Importante?" como uma empresa, uma marca ou um CEO.)

O design eficaz estabelece o relacionamento emocional que você desenvolve com uma marca através da experiência total, na qual um serviço ou produto proporciona um portal.

Esta pergunta vem da análise sobre o que define uma boa marca. Enquanto dávamos uma aula de engenharia na Universidade de Stanford sobre o lado emocional do design, perguntamos: "Quem se importa se a Motorola for à falência na semana que vem?". Uma pessoa levantou a mão. Em seguida, perguntamos: "Quem se importa se a Apple for à falência na semana que vem?". A maioria da classe levantou a mão. Se você fosse o CEO da Motorola, esta não é uma boa notícia porque acabaram de lhe dizer que você não é mais importante. Se você acha que isso não é verdade, dê uma olhada no preço de suas ações.

A Apple é importante para as pessoas porque ela projetou hardwares formidavelmente estéticos e uma experiência total dos clientes (pense nisso como um software para a alma), portanto as pessoas se sentem conectadas à Apple de alguma maneira emocionalmente profunda. É isso que o ótimo design faz. Ele faz com que as pessoas amem a sua empresa. Ao criar uma definição mais ampla de design, incluímos as emoções e sentimentos que surgem para se tornar parte do relacionamento que as pessoas têm com sua empresa através de todos os pontos de referência que elas experimentam. Você não quer deixar outras pessoas definirem isso para você. Se você for realmente esperto, *você* o define. Você não consegue controlá-lo inteiramente porque as pessoas criam suas próprias versões do relacionamento, mas pode se comprometer a influenciá-lo

Se a resposta para a pergunta "Você é importante?" for "não", esta não é uma boa notícia. Se você não acha que isso é verdade, dê uma olhada no preço de suas ações.

em todas as maneiras que puder. É assim que você constrói, na mente das pessoas, uma idéia de você como uma empresa e como uma marca.

Queremos incluir no significado do design a "coreografia da experiência" que as pessoas têm de sua empresa por todos os pontos de contato possíveis que elas possam encontrar.

Acreditamos que isso representa uma mudança, e é isso que os CEOs não entendem quando dizem ao seu pessoal: "Temos de ser sensatos em termos de design".

Parece-nos que você não consegue necessariamente (ou talvez no todo) entender, usando apenas grupos de foco, o que o design significa para um consumidor. Nossa experiência com os consumidores é de que muitos deles não conseguem articular o porquê de escolherem um produto específico. Eles lhe dirão por que *acham* que escolheram certo produto. Mas dê um Razr e um iPod para uma pessoa, coloque-os lado a lado e pergunte: "Por que você não se importa se a Motorola for à falência, mas se importa com a permanência do iPod e da Apple no mercado?". A resposta a essa pergunta é o que você precisa ouvir e prestar atenção. Esta é uma dica para a pergunta do próximo capítulo: "Você é importante?".

2

Você É Importante?

Quem é você? O que você faz? Por que você é importante? O mundo seria mais sombrio sem você?

Se alguém fizesse uma pesquisa com seus clientes, constituintes, seguidores ou outros, e perguntasse se você é importante para eles, qual você acha que seria a resposta? Se você deixasse de existir amanhã, você acha que alguém *realmente* se importaria?

Em outras palavras, o seu produto, serviço ou marca estabeleceu uma conexão emocional com seus clientes a ponto de eles investirem no interesse de que você não apenas sobreviva, mas prospere?

Em seu livro *The Brand Gap* (Peachpit Press, 2005), Marty Neumeier lançou esta idéia sob o ponto de vista do design gráfico. Gostaríamos que você considerasse a pergunta no contexto de uma definição de design totalmente integrado.

Faça a si mesmo perguntas como "Quem é você?" (a qual a maioria das pessoas consegue responder) ou "O que você faz?" (você provavelmente não acertará essa). Talvez você responda que é um fabricante de computadores. Bem, diremos que você não é simplesmente um fabricante de computadores; você cria sistemas que ajudam as pessoas a fazer seus trabalhos. Em vista disso, por que o que você faz é importante para as pessoas? Melhor ainda, por que você é importante?

Esta é uma pergunta profunda que você quer fazer a si mesmo. A sua empresa é importante para seus clientes e constituintes? Responda esta pergunta honestamente. Você é uma força positiva na vida deles? Se você desaparecesse, a vida deles seria diminuída de alguma forma? Acredito que se você disser a si mesmo a verdade, concluiria: "Bem, provavelmente não". Iremos lamentar se o sabão em pó Cheers não for mais encontrado nas prateleiras? Não, provavelmente não. Iremos lamentar se a BMW repentinamente deixar de existir? Sim, pode ser que sim. Se a Apple deixar de existir? Provavelmente.

Por quê?

Esta é uma pergunta importante. Você é importante para seus clientes até onde eles se tornam emocionalmente interessados na continuidade do seu sucesso – quando querem que você vença. Você é importante se seus clientes acreditarem, do fundo de seus corações, que o mundo seria mais sombrio sem você. O uso de design para administrar a rede de fornecimento da experiência dos clientes é como você consegue ser importante de maneiras que realmente importam.

Você é importante para seus clientes até onde eles se tornam emocionalmente interessados na continuidade do seu sucesso – quando querem que você vença.

Design é uma parte tão fundamental de sua vida que duvidamos que você passe qualquer quantidade de tempo, mesmo segundos, sem se deparar com algo que tenha sido projetado. Talvez você não esteja constantemente ciente disso, mas queremos encorajar essa percepção.

As pessoas se cercam com coisas e não dão muita importância à existência delas. Toda vez que você se senta no vaso sanitário, alguém projetou essa experiência para você. A lenda nos diz que, certa vez, Herb Kohler pessoalmente tinha que se sentar nos protótipos de cada assento para vaso sanitário antes de aprovar o design que seria fabricado. O ponto é que alguém decidiu o formato, material, acabamento, ângulo e altura do assento, e todas essas coisas definem o começo do seu dia. Mas nós, na maioria das vezes, não damos importância a isso e nem pensamos a respeito.

É interessante – não, na realidade é fascinante – que a maioria das pessoas realmente percebe o design apenas quando ele é ruim. Quantas vezes você ouve alguém dizer: "Essa porcaria não funciona; é um saco". Designs realmente bons muitas vezes serão totalmente transparentes para o usuário porque "eles simplesmente funcionam". Uma pessoa sensata em questões de design dirá: "Oh, este é realmente um excelente design; está tornando a minha vida muito mais fácil. Alguém realmente pensou muito nisso". O desenvolvimento da percepção de um design excelente como o tecido conectivo, que define e garante uma experiência excelente para seus clientes, é uma chave importante para o futuro do seu negócio.

O design é uma parte tão fundamental das nossas vidas que não conseguimos passar mais que alguns segundos sem ter uma experiência definida para nós.

Você provavelmente pensou mais sobre design do que imagina. Cercados por coisas, construímos grande parte do nosso mundo de experiências sem fazer muito uso da percepção consciente. À medida que você desenvolve o nível de foco em design de que estamos falando aqui, acreditamos que começará a direcionar esse entendimento da sua mente subconsciente para uma percepção ativa. Você começará a perceber o design como uma parte ativa de qualquer experiência, boa ou ruim. Você pode até mesmo, como um empresário, categoricamente não gostar de lidar com designers, mas pelo menos desenvolverá gosto em saber sobre o que trata o design.

Como exemplo, digamos que após um vôo agradável de Londres, na Classe Superior da Virgin Atlantic, você se encontre no aeroporto de Washington-Dulles passando pela imigração. Tendo sido informado de que, se você ligar seu celular, este será confiscado, você agora percebe que há um gargalo em ambas as extremidades da instalação. Todas as pessoas que entraram por uma extremidade estão compactadas em um espaço minúsculo e, depois de serem processadas, são encaminhadas para outro espaço minúsculo. Em pé na fila, você escuta aquelas pessoas que ainda têm energia para proclamar vocalmente que o sistema é uma porcaria, e não é necessária nenhuma habilidade física da sua parte para perceber que as pessoas se sentem abusadas e estão bravas (e esta é a capital dos Estados Unidos).

Sendo uma pessoa perceptiva em questões de design, você começa a pensar em como o sistema foi pessimamente projetado. Em algum lugar, alguns grupos de arquitetos fracassaram completamente em compreender seu impacto na experiência dos viajantes quando planejaram o labirinto. O resultado é um fracasso de design em ação. Se este fosse o showroom de sua empresa ou sua loja, e as pessoas tivessem tido experiências ruins tentando entrar porque você não a projetou muito bem, isso lhe custaria muito dinheiro. Se a loja da Apple tivesse um layout disfuncional e ninguém pudesse ver os produtos ou brincar com eles, as pessoas sairiam da loja dizendo: "Esquece a Apple! Eu não vou comprar as coisas deles".

Na realidade, a visita à loja da Apple localizada no endereço 767 Fifth Ave. em Nova York é um exemplo notável de uma experiência dos clientes totalmente projetada.

À medida que cresce a percepção sobre design ótimo, acreditamos que as pessoas se importam mais com design do que elas imaginam. Ao mesmo tempo, vemos que pessoas que lideram organizações estão começando a entender que a qualidade das experiências de um cliente é o elemento essencial do sucesso contínuo. Entretanto, entender isso e implementar com sucesso uma estratégia de design da experiência dos clientes desregradamente eficaz são duas coisas completamente diferentes.

Em contraste à experiência de viagem do Washington-Dulles, se você, por acaso, viajar para Dubai, será difícil ignorar o majestoso Burj Al Arab Hotel. As pessoas achavam que o Xeque Mohammed estava louco quando ele construiu esse hotel. Ele gastou USD$2 bilhões, uma quantia próxima a 20% do PIB do país na época. É um ícone fantástico e passou a simbolizar Dubai, criando uma mensagem de que tudo é possível. As diárias começam a USD$1.700,00 e o hotel está reservado por vários meses. Pense sobre o poder do design aqui, porque eles projetaram essa experiência e esse formato. Quando você coloca Dubai no site de busca do Google, você provavelmente verá uma foto do hotel, saberá o que é, o reconhecerá e reagirá a esse como um ícone pela opulência e luxo.

No começo do projeto, era fácil para uma mente racional pensar que eles estavam loucos em construir um hotel naquele banco de areia e criar esse formato realmente interessante, mas desafiador e caro. Você poderia facilmente perguntar: "Por que vocês estão gastando esse dinheiro?". Agora vemos o resultado: por ser tão icônico e ter tal formato, eles podem cobrar diárias de USD$1.700,00 e ter reservas para vários meses. Este é um exemplo formidável do design da rede de fornecimento de experiências, na qual você usa o design como uma estratégia de marketing. O design é tão potente que não é preciso gastar muito em marketing porque ele em si já está fazendo o marketing por você.

O Burj Al Arab Hotel em Dubai é um exemplo formidável de design da experiência na qual o design em si é a estratégia de marketing.

Queremos que você pense novamente sobre o design em si, com ênfase renovada na estratégia de design integrado – criando a experiência total dos clientes. O que estamos falando vai além do desenho industrial, que evoca imagens de fábricas, sistemas de tubulação e assim por diante. Desenho industrial é essencialmente o desenvolvimento de objetos para produção em massa, normalmente em três dimensões, objetos físicos ou a interação com eles. Treinamentos atuais focam nesse tipo de design. Estamos defendendo um conceito de design de produtos que incorpora muito mais. As principais disciplinas de design são desenho industrial, desenho gráfico e arquitetura. Você pode começar a fazer distinções dentro dessas categorias como arquitetura de interiores, arquitetura de paisagens, construção civil tradicional e assim por diante. Design de produtos, como o discutimos, ocupa uma área cinza entre desenho industrial (o design de objetos físicos e as interações associadas) e design de software. Existe muita sobreposição entre essas duas áreas e, dessa sobreposição, a idéia de design de interação realmente emergiu como sua própria disciplina.

Agora, aqui está algo realmente importante para observar sobre design de interação: ele precisa ser importante para você, *mas para seus clientes, ele não importa*, isso porque a interação boa é natural e deve ser totalmente transparente. Os clientes também não se importam sobre quais disciplinas estão envolvidas e quem fez o quê. Eles não discriminam entre as contribuições do designer industrial, do designer gráfico e do arquiteto – para eles, o que importa é o que eles sentem. Suas experiências desejadas são emocionais, uma experiência que vive pouco abaixo do patamar de consciência em vez de percepção total. Você é importante para os clientes até o ponto em que estiver associado com essa parte desejada de suas vidas.

> *O desenho industrial é geralmente visto como o desenvolvimento de objetos para produção em massa, normalmente em três dimensões, objetos físicos. Estamos defendendo um conceito de design do produto que incorpora muito mais.*

Automóveis são parte de nossas vidas para os quais mais ativamente pensamos sobre o design, muito além de simplesmente onde os porta-copos são colocados. A divisão Lexus, da Toyota Motor Corporation, redefiniu a experiência dos clientes no mercado de automóveis de luxo. A qualidade da experiência passou a ser o luxo, e outras marcas de luxo tiveram de se virar para não ficar para trás. Mas nada dura para sempre se você dormir ao volante.

Digamos que você seja um ativista, um verdadeiro "abraçador de árvores", e decide entrar na onda e adquirir um carro híbrido. Você procura e acaba achando o Lexus Rx400h, o SUV híbrido (você precisa de um SUV porque tem muitas coisas para começar seu próprio mundo), o qual, do ponto de vista tecnológico, parece ser um carro fantástico. Você faz entregas e rapidamente percebe que a quilometragem não é o que foi prometido. Toda vez que usa o carro, é preciso usar a interface de toque na tela, não apenas para o sistema de navegação, mas para tudo. Ele é inacreditavelmente mal projetado, a ponto de você decidir que ele é perigoso.

A interface de usuário do sistema de navegação GPS é insana. Se você não a usar todos os dias, não tem nenhuma chance de se lembrar como usá-la da próxima vez que precisar. E, é claro, você não pode mudar sua rota ou destino enquanto o veículo estiver em movimento, e

Você importa para os clientes apenas até o ponto em que estiver conectado às suas necessidades emocionais e desejos.

concluiu que parar no meio da estrada para alterar a rota pode ser perigoso para sua saúde.

Por causa da sua experiência ruim com a interface de usuário do carro e a economia de gasolina bem menor do que a prometida, e apesar da engenharia mecânica brilhante e aceleração excelente, esse veículo passa a ser o carro menos satisfatório que você já teve. Talvez você seja um indivíduo bastante sensato em termos de tecnologia, mas decide trocar de carro novamente porque foi uma experiência ruim (leia-se: fracasso do design). Você passa muito tempo no carro para ter de agüentar essa irritação constante. Você pagou um prêmio pelo Lexus e um pelo híbrido, tudo pela promessa de uma experiência melhor. Mas o design é tão medíocre quando visto da experiência total do cliente que suas expectativas foram traídas. O fracasso é ridículo, isso porque a Lexus poderia facilmente ter adquirido a habilidade necessária para projetar a interface do usuário muito bem.

É aqui que a experiência vai de ruim a pior. Você escreve para a divisão Lexus da Toyota Motor Company para compartilhar sua experiência. Você recebe quatro pesquisas, dois telefonemas e uns dois e-mails – tudo porque a empresa quer se utilizar da sua experiência para melhorar seu futuro. As perguntas não são sobre você e a correção de seu problema; são, sim, fazer com que os negócios da empresa melhorem. Não é lhe oferecida nenhuma solução. Assim, como você se sente? Ainda está se divertindo? Você promete nunca mais comprar um veículo da Lexus. A Toyota Motor Company já não importa mais para você, a não ser de maneira negativa. Agora seu desejo é que eles percam. E você mantém esses sentimentos consigo? Não, provavelmente não. Talvez você até invente um novo jogo: "Quantas vendas poderei custar a eles?".

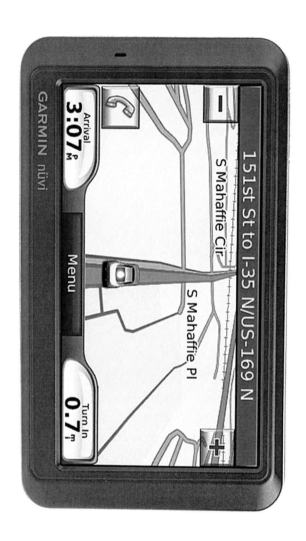

Assim sendo, você compra outro veículo e recusa o sistema de navegação embutido. Para navegação, você compra um aparelho Garmin Nuvi GPS. Ele nem vem com manual de instruções. Se quiser o manual, acesse o site da Garmin e faça o download. O Nuvi vem com um guia para iniciação rápida, o qual não lhe dá muitas informações. Apenas lhe diz como carregá-lo, como ligá-lo e algumas outras coisas básicas. Mas qualquer pessoa consegue navegar sem instruções além daquelas online e do design intuitivo. Nesse ponto, você não consegue entender por que organizações como a Lexus não terceirizam o design da interface de usuários para uma empresa como a Garmin.

Você precisa ir além da usabilidade para um design ótimo. Ele também precisa ser desejável.

Hora de trocar a camisa novamente. Se você for um empresário, um gerente de produto ou um CEO que esteja lendo este livro, pergunte-se: "Você é realmente importante para seus clientes?". Se for honesto consigo mesmo, poderá dizer: "É aqui que talvez sejamos importantes e aqui é onde talvez não sejamos importantes". Esta é uma pergunta para a qual você não pode, e nem deve, ser indiferente. É tão vital à sua sobrevivência quanto o oxigênio. Você está se conectando com seus clientes em um nível emocional? Você vê a situação como um todo e obtém feedback sobre as experiências dos clientes sem importuná-los com seu processo de coleta de dados? Os seus clientes se importam se você vive ou morre? Você, definitivamente, quer que essa resposta seja "Sim".

Não importa sobre qual produto, serviço ou marca você está pensando. Você realmente valoriza e honra a experiência de seus clientes com um design que abrange todos os aspectos do modo como você faz negócios? Vamos ver a importância deste quando o serviço é uma parte grande da equação.

Considere, por exemplo, o casal que tem sido um cliente leal da GEICO por muitos anos. Os dois têm recordes perfeitos de direção e, toda vez que passa um comercial bonitinho, com um lagarto declarando como a empresa é calorosa e aconchegante, eles se olham e sorriem: "Essa é a nossa empresa!". Um dia, eles se mudam e fazem a troca de endereço no site da GEICO. No entanto, a correspondência vai para seu antigo endereço e acaba chegando atrasada para eles. Eles enviam um cheque no mesmo dia que recebem a conta. Mas antes de a empresa processar o cheque, eles recebem uma carta anunciando: "NOTIFICAÇÃO DE CANCELAMENTO DA APÓLICE". Eles ficam extremamente abalados. Eles ligam para o número 0800 da empresa e são acalmados por um representante do atendimento ao cliente que lhes diz que não precisam se preocupar, que ele ligará assim que o cheque deles for compensado no sistema. No entanto, enquanto esperam notícias dele, recebem um e-mail dizendo: "NOTIFICAÇÃO DE CANCELAMENTO DA APÓLICE". Eles enviam um e-mail para a GEICO chamando a atenção deles e recebem uma carta de desculpas. Quando o representante do atendimento ao cliente liga para dizer que está tudo bem, eles dizem: "Não, não está". Eles agora estão motivados a procurar outras empresas; em alguns dias, recebem uma proposta melhor da Progressive pela

Virtualmente, qualquer pedra emocional no caminho do cliente pode ser ampliada em uma mudança perceptiva de paradigma que resulta em sentimentos negativos sobre a sua empresa.

mesma cobertura e cancelam a apólice que tinham com a GEICO por muitos anos.

Aí está! Uma pedra emocional no caminho resultou numa mudança de paradigma, na qual os clientes que se sentiam bem sobre sua experiência com uma empresa (ou, pelo menos, não era negativa) deram uma guinada total. Agora, toda vez que um comercial da GEICO passa na TV, eles se imaginam estrangulando o lagarto. Os comerciais são feitos para demonstrar que ela, como uma empresa, se importa com você. Mas para o casal, tudo com o que a empresa parecia se preocupar era com o dinheiro. Não há dúvidas de que em algum local na empresa houve uma reunião em que alguém propôs que a empresa fosse mais rígida em suas correspondências para com os pagadores em atraso; essa pessoa pode nunca ter percebido que ele/ela era parte de um design do processo que basicamente teria um impacto na decisão dos clientes de se importarem se a empresa vive ou morre.

Agora, tudo isso é sobre você usar sua camisa de empresário, de gerente de produto e de CEO novamente. Como as coisas estão com a sua empresa? Você é importante? Volte e faça a você mesmo as perguntas difíceis, e "seja honesto consigo mesmo" ao respondê-las:

- Os seus clientes se importam se você não existir mais amanhã?

- Que tipo de lealdade ao produto seus clientes têm?

- A experiência do seu produto teve uma conexão emocional positiva com seus clientes?

- O seu produto ou marca adiciona valor à vida de seus clientes?

- Todas as pessoas na sua empresa percebem até que ponto elas são importantes no design da experiência total?

- Os seus clientes retornam porque eles querem ou porque eles precisam?

- Eles estão à beira de dar uma de Schwarzenegger e dizer: "Hasta la vista, baby", se surgir um concorrente ou se tiverem o ímpeto de mudar?
- Você é importante para o seu cliente?

O que queremos que você entenda é que apenas ter uma conexão é uma coisa; outra coisa é garantir que esta seja positiva e permanente. Se você observar uma empresa como a Microsoft, verá que ela obviamente tem uma conexão emocional com seus clientes. Ela importa de tal maneira que, para muitas pessoas no mundo, se a Microsoft fechasse suas portas amanhã, muitas delas teriam problemas para fazer seus trabalhos. Mas no lado emocional, esta conexão é energeticamente positiva?

Quando a Microsoft saiu para conversar com as pessoas sobre o Windows para poder realmente entender como os consumidores se sentem sobre a empresa, ela descobriu que a maioria das pessoas vê a Microsoft e o Windows da mesma maneira que vêem uma concessionária de serviços públicos, como a empresa de telefonia ou como o serviço de água e esgoto. Talvez isso não o surpreenda, mas para eles foi um grande choque: "Eles são uma necessidade, mas eu não necessariamente gosto deles". Você provavelmente não gosta muito da sua empresa de serviços públicos ou de TV a cabo – especialmente a de TV a cabo. Mas o que fazer? Você quer ter TV a cabo. Você precisa de um computador e tem que trabalhar no mundo do Microsoft Office, portanto, o que fazer?

> *A existência da Microsoft é fundamental na vida comercial das pessoas. Mas, no lado emocional, esta conexão é energeticamente positiva?*

A Microsoft agora tinha conhecimento de como as pessoas se sentiam, especialmente de que: "Se uma alternativa real e viável fosse oferecida, eu trocaria". Percepção, no entanto, não é tudo. Se sua empresa tem uma cultura voltada para o consenso, você encontrará mais obstáculos internos e sobrecargas do que entendimento e disposição para ajudar e participar na elaboração de uma experiência positiva de clientes. Por isso é vital que a adesão a este conceito que abrange tudo venha da alta gerência da empresa – ela deve vir do topo, ou de perto do topo, e incluir um grande número de apoiadores fervorosos de dentro da organização. Algumas vezes, a transformação começa com membros fervorosos que se engajam com a equipe sênior como defensores e campeões da causa.

Quando um caminho específico é estabelecido, as grandes empresas, mais especificamente, têm muito mais dificuldades em mudar, mesmo que elas "saibam" que precisam mudar. Embora isso possa vir a ser difícil, estabelecer o caminho do design correto e completo é importante porque você não pode revisitá-lo quando quiser. Mudar de direção nem sempre é uma atitude de custo eficaz, pragmática ou mesmo possível. Ainda assim, é algo tão vital para sua empresa que ela precisa de supervisão constante. Uma faca de dois gumes? Bem, vamos explorá-la.

Se você tem um relacionamento direto com seu cliente, que não requer envolvimento ao vivo com seu pessoal, isso é bastante valioso do ponto de vista econômico. Algo aterrorizante e real para empresas como a Dell é que, no momento em que eles tiverem que ter uma pessoa envolvida com o cliente, eles perdem todos os lucros de muitos produtos. Pelo fato de as margens terem se tornado tão pequenas e o volume tão alto, o lucro sobre esse produto é, geralmente, perdido assim que eles precisam atender um telefonema de vendas ou de serviço. Em um produto com alto volume, você poderá estar tendo apenas $10 de lucro. A despesa com equipamentos e funcionários para atender o chamado podem facilmente exceder $10, o que elimina seus lucros.

A criação de um relacionamento direto com seu cliente, que não requer envolvimento ao vivo com seu pessoal, é bastante valioso do ponto de vista econômico. Um design ótimo poderá lhe proporcionar isso.

Qualquer empresa que trabalha com escalas poderá verificar isso. Os bancos há muito aprenderam que geralmente perdem dinheiro em transações que envolvem interação humana. E como você se sintoniza com seus clientes a um nível emocional sem interação humana excessiva? Você o projeta dentro de seu pacote total. Se criar um relacionamento positivo entre o produto e o usuário final, não terá a despesa de alguém precisar explicar: "É por isso que isto é importante, é assim que você o usa e este é o porquê de ele ser importante para você".

Algumas empresas, como a Apple, projetaram na equação o sentimento de que você tem o suporte de uma pessoa ao vivo se e quando precisar. Se comprar um Mac, você paga $100 por 12 meses de suporte ao vivo com hora marcada. E mesmo se você não usá-lo muito ou não for à loja da Apple com tanta freqüência, é um bom negócio – por apenas $100 você pode ir uma vez por semana conversar ao vivo com uma pessoa (conhecida como Mac Gênio) que lhe ensinará como usar seu Mac e os aplicativos principais para criar itens que lhe interessam. E você faz tudo isso em uma loja da Apple brilhantemente projetada, vibrante, em vez de uma sala de aula sombria.

Assim sendo, lá está você, recebendo atenção de um para um, de uma pessoa amigável, que realmente sabe como tudo isso funciona, cercado por coisas que você gosta, e as coloca na sua lista de desejos. Como dizem: "Isso é tão legal, não é?". Bem legal – especialmente para a Apple. Isso porque, na saída, você acaba comprando um carregador para seu iPod de $29,95. E mesmo que saiba que consegue comprar um DVD player por muito menos na Best Buy, isso não importa. Você até mesmo perdoou o Jobs por ter baixado o preço do iPhone para $200 depois de ter esperado na fila por horas e pago o preço original por ser um adotador inicial. Hum, vejamos – acredito que agora a Apple já é tão importante para você que algumas vezes você pagará um prêmio pela conexão contínua com a experiência.

Se você tem prestado atenção, já percebeu que este é o motivo pelo qual o mercado de capitalização da Apple é (quando escrevemos este livro) aproximadamente metade do da Microsoft. E a participação no mercado da Apple do mercado de computadores pessoais nos Estados Unidos (e no mercado de sistemas operacionais) pelo terceiro trimestre de 2007 foi de apenas 8,1%. E se você usar um Mac, provavelmente usará o Microsoft Office, portanto a Microsoft ainda é dona desta participação no mercado. Sim, você se importa em construir uma empresa voltada para o design. Você realmente quer ser importante para seus clientes. Você realmente quer que eles vivam por muito tempo e prosperem.

3

Como Ser Importante

O que o design pode fazer por você – como o design se comunica com as pessoas – como o design de produtos e serviços cria uma conexão emocional com seus clientes – como o design ótimo cria marcas à prova de balas.

Nos anos de 1880, Lunsford Richardson, um farmacêutico em Selma, Carolina do Norte, fazia experiências com uma fórmula para aliviar resfriados e pneumonia para seus clientes. Ele chegou aos ingredientes ativos de cânfora, eucalipto e menta, e os ingredientes inativos de óleo de folha de cedro, óleo de noz-moscada, geléia de petróleo, timol e óleo de terebintina. Nascia um clássico. O produto teve sucesso porque ele funcionava, enquanto outros produtos comerciados pelos vendedores de óleo de cobra não funcionavam. As pessoas passaram a depender dele, e gostavam dele mais do que de qualquer outro produto que tinham experimentado. Richardson se mudou para Greensboro, Carolina do Norte, e começou a comerciar sua fórmula como Vicks VapoRub, em honra ao seu cunhado, um médico de Selma chamado Dr. Joshua Vick.

A empresa ficou conhecida como Vicks Chemical Company e foi vendida para a Procter & Gamble (P&G) em 1985. O VapoRub é atualmente fabricado no México e na Índia. Por que ele continua sendo vendido? Quando as pessoas adoecem, elas usam Vicks, isso porque ele formou uma ligação emocional com uma base de consumidores e nada o substituiu. O valor da marca do VapoRub parece ser,

O Swiffer da P&G é um exemplo da criação de uma conexão que se estende além de suas funções, chegando ao prazer de usá-lo.

até hoje, à prova de balas. O que aconteceria se a P&G tentasse tirar o Vicks do mercado? Haveria uma revolta pública. As pessoas se importam. O produto é importante.

Design de produtos ilustrados pela experiência dos clientes está no mercado há muito tempo. Embora seja improvável que a embalagem do Vicks VapoRub acabe em algum museu de arte em embalagens, o produto continua sendo atenciosamente comerciado pela P&G, que é muito boa na gestão de marcas. O foco para se conectar profundamente com o cliente tem se tornado cada vez mais importante, assim como o princípio de organização de um design total. E achamos que este será sempre o caso – não apenas para o sucesso, mas para a sobrevivência. Seu design, marca, negócio e empresa precisam ser importantes no coração e mente de seus clientes.

Quando a P&G lançou o Swiffer em 1999, ele logo virou moda – não apenas porque imitou as dicas de design que poderiam fazer dele um iMop, mas sim porque tornou mais fácil a vida daqueles que limpam chão. As pessoas gostaram disso. A ligação foi emocional. Não havia mais a necessidade de torcer o esfregão com as mãos e depois ficar procurando um local para pendurá-lo para secar. Simplesmente descarte o esfregão. Alguém pensou nas partes da vida diária que não são fáceis ou divertidas e encontrou um meio de contorná-las. Isso fez com que as pessoas ficassem felizes. É isso que motiva o desempenho de produtos modernos, assim como com qualquer outro produto tradicional que tenha sobrevivido. As pessoas se conectam com ele e o compram. Elas justificam as decisões de compra com razão e permanecem conectadas através da emoção. Você deve constantemente contemplar como o engajamento de corações e mentes é parte do seu conceito total de design do produto.

Observe que não começamos este capítulo com exemplos de designs que eram objetos físicos formidáveis, destinados a tornar-se objetos de desejo, como o iPhone. Isso apenas teria reforçado um conceito já muito limitado de design implantado em muitas mentes. Sim, você pode se tornar um coreógrafo da beleza objetiva eterna se quiser. Entretanto, se isso é tudo que você é, não será o suficiente. Você não começa com as coisas que tem no *backend* ou nas prateleiras, você começa com a pessoa que é, ou será, seu cliente duradouro. E você deveria se perguntar: "O que eu quero que essa pessoa sinta?". O que eu quero que meu cliente sinta após ter comprado minha TV de plasma? Se você já chegou em casa com uma carga de equipamentos de home theater e tentou ligar um monitor de HDTV, um receptor e um sistema de som ambiente 5.1, certamente queria que alguém tivesse feito essa pergunta durante o processo de design.

Quando a Best Buy não conseguiu fazer com que os fabricantes colaborativamente resolvessem a situação, e sabiam que isso estava lhes custando dinheiro, eles compraram a Geek Squad, que aparece nos seus Fuscas da VW e (mediante uma taxa) os montam para você. A indústria de eletrônicos para consumo desesperadamente precisa ouvir e aplicar o mote da Apple: "Isso simplesmente funciona". Nesse meio tempo, adquira um controle remoto Harmony da Logitech se estiver desesperadamente buscando a harmonia doméstica do home theater. Você terá uma experiência direta do que um design ótimo pode fazer por você. O Harmony sentiu a dor dos clientes quando estes se debatiam com um leque de controles remotos pobremente desenhados e as interfaces de usuários na tela que nem a mãe de um engenheiro conseguiria amar.

> *Quando a Best Buy não conseguiu fazer com que os fabricantes resolvessem a complexidade de montar seus produtos, eles compraram a Geek Squad para ajudar a remediar a situação.*

O Harmony, então, desenvolveu para seu controle remoto universal um design baseado na atividade. As pessoas e os críticos amaram-no.

Isso é o que é um design ótimo. Assim, quando você está criando um produto, o que você quer que as pessoas sintam quando aceitam a entrega?

Geralmente, o sucesso de grandes produtos não começa com planejamento e projetos. Você começa com uma idéia, vê algo funcionando, o desenvolve e o implementa.

Quando elas o usam? O produto, assim como seu impacto, cresce e evolui. Muitas vezes, grandes sucessos não começam com planejamento e projetos. Você tem uma idéia, começa em algum lugar, vê algo funcionando, desenvolve e implementa. Você encontra obstáculos e os supera. É simultaneamente um processo consciente e estratégico.

Vamos dar uma olhada no iPod como um exemplo de como você pode projetar e evoluir um produto. Queremos que preste atenção em como o processo de criação de uma rede de fornecimento da experiência para os clientes não fluiu de um texto estabelecido e certamente não aconteceu sem barreiras e obstáculos. Olhe de um nível de 40.000 pés e veja que, após ter abraçado a idéia do iPod como uma rica experiência para o usuário, a Apple continuou operando-o, adaptando-o, tornando-o melhor e buscando mais oportunidades. No livro *Success Built to Last* (Plume, 2007), os autores Porras, Emery e Thompson descrevem o papel inesperado de descobertas ao acaso na jornada à grandeza. Esta é, sem dúvida, a verdade na história a seguir.

Primeiro, considere o ambiente de gravação de música do ponto de vista do cliente nos dias que antecederam o iPod. Com o avanço dos CDs, o compacto de 45 RPM morreu. Agora, se você quisesse comprar uma única música que tenha gostado, teria que comprar um CD por $15 ou $20 para conseguir a única música que queria, mais uma dúzia com as quais você nem se importa. Dane-se a Big Music, é como você se sentiria se fosse um adolescente ou universitário. Aí surgiu o Napster, o Kaaza e o universo de compartilhamento de arquivos. Durante a guerra legal que acontecia entre a Big Music e sua base de consumidores, a idéia de que você deveria conseguir comprar uma única música de um CD penetrou a tendência predominante. Ainda assim, embora agora você pudesse legalmente baixar músicas em um disco rígido, ainda deixava a desejar em termos de conveniência portátil.

A história do iPod tem sido contada em vários locais e em várias versões. Enquanto compartilhamos esta versão (embora a Apple não tenha aprovado), queremos que você foque nos aspectos do processo de design básico que o ajudarão a desenvolver produtos e serviços que importam. E, também, pense sobre as implicações do fato de que a *Apple não inventou o que viria a ser o iPod*. Em vez disso, a Apple desenvolveu (e é isso que importa) o iPod como um portal para uma experiência contínua do consumidor incrivelmente valiosa – uma distinção enorme.

Nossa história começa com Tony Fadell, que havia trabalhado para a General Magic e a Philips, e se estabeleceu como independente porque tinha uma idéia que queria testar.[1] Aparelhos de MP3 baseados em memória flash maciça estavam no mercado de empresas como Rio ou Nomad Jukebox (da Creative, baseada em Cingapura). O Nomad era do tamanho de um aparelho de CD e tinha um disco rígido embutido. Ele era fenomenal do ponto de vista de que, repentinamente, você podia baixar toda sua coleção de músicas nessa peça de hardware e começar a entender o poder de um aparelho de música digital.

A Apple não inventou o que viria a ser o iPod. Em vez disso, ela desenvolveu o iPod como um portal para uma experiência do consumidor contínua incrivelmente valiosa.

É claro que havia uma lista de "poréns". O Nomad tinha uma interface de usuário verdadeiramente miserável que a maioria das pessoas quase não entendia, e a vida de sua bateria era horrível. Você realmente não conseguia usá-lo como uma unidade portátil; servia mais como um estéreo doméstico. E era possível criar listas de músicas, mas com certa dificuldade. Com 6 polegadas de diâmetro e aproximadamente 1,5 polegada de espessura, era possível colocá-lo na mochila, mas provavelmente não conseguiria carregá-lo. Fadell queria fazer um aparelho menor, baseado em um disco rígido ligado a um sistema de entrega de conteúdo por meio do qual os usuários podiam legalmente baixar música e facilmente criar listas de músicas. A idéia aqui era "Mil músicas em seu bolso". As pessoas adoraram. Bom começo! Ele estava no caminho de uma ligação emocional com os consumidores, mas ainda tinha muito a percorrer.

Fadell mostrou sua idéia para empresas como a RealWorks, Philips e Palm. Quando elas disseram não (considere a ironia: a Palm estava no topo no momento, e agora está à beira da sepultura), ele relutantemente aproximou-se da Apple, sabendo que a empresa estava afastada de eletrônicos para consumo após as experiências dolorosas com o Pippin e o Newton. Ele não sabia que a Apple havia comprado os direitos da SoundJam MP alguns meses antes. A Apple empregou Fadell em 2001, lhe deu uma equipe de aproximadamente 30 pessoas e um prazo de um ano para construir e lançar um produto.

Com tempo limitado e fundos incertos, Fadell procurou um aparelho existente para usar como base para o aparelho da Apple. Após procurar na Rio e na Creative, sua equipe encontrou a PortalPlayer, a qual ainda não havia lançado seu próprio aparelho, embora ela tenha ajudado outras empresas a desenvolver aparelhos de MP3 usando softwares comuns. Antes da Apple, a PortalPlayer havia trabalhado com a IBM em um aparelho baseado em memória flash com sistema de fones de ouvido Bluetooth, mas ela achava que suas chances de chegar a um aparelho de MP3 fácil de usar seriam melhores com a Apple.

De acordo com Ben Knauss, que na época era o gerente sênior da PortalPlayer, Fadell estava cheio de otimismo e previa desde o começo: "Este é um projeto que irá remoldar a Apple e, daqui a 10 anos, ela será um negócio de música, não de computadores". Mas os primeiros protótipos da PortalPlayer não conseguiam manter um playlist com mais de 10 músicas, não tinham equalizadores e tinham interfaces ultrapassadas. Além de tudo isso, as baterias dos aparelhos duravam menos de três horas. E como Knauss admitiu: "Ele era muito feio. Parecia um rádio FM com vários botões".

O design de referência da PortalPlayer estava 80% completo quando surgiu a Apple. A empresa abandonou vários clientes para trabalhar exclusivamente com a Apple. Para a Apple e sua corrida contra o tempo, a atração era que o software e o hardware já estavam prontos. Segundo Knauss, a Apple passou 8 meses usando os 200 funcionários da empresa e os 80 engenheiros na Índia para focar exclusivamente no design e desenvolvimento do iPod. Até mais importante do que o sucesso do projeto, Steve Jobs se envolveu pessoalmente com o projeto, eventualmente dedicando quase que todo seu tempo a este – algo que ele raramente faz.

Inicialmente, o envolvimento de Jobs era nas reuniões do iPod a cada duas ou três semanas. Mas assim que os primeiros protótipos foram completados, ele se envolveu diariamente. Da idéia e plano de negócios de Fadell, a participação de Jobs significava abordar o projeto do ponto de vista do consumidor e usar essa perspectiva para moldar o formato, o sentimento e o design do aparelho. Jobs tinha um chilique todas as vezes que tentava acessar uma música e tinha que apertar mais de três vezes os botões. "Recebíamos ordens", disse Knauss. "Steve não acha que está suficientemente alto, os agudos não estão suficientemente agudos ou o menu não aparece rapidamente". Ele focou em cada detalhe, da interface ao tamanho da roda para rolar a tela. O iPod acabou tendo um volume mais alto do que a maioria dos aparelhos de MP3.

Apesar de todo o trabalho árduo e do sigilo obsessivo típico da Apple, o produto quase morreu pouco antes de ser programado para envio. Ele sugava a bateria mesmo quando desligado. Ele funcionava por aproximadamente três horas e morria. Com as linhas de produção já montadas, a loucura veio a seguir, para consertar o problema e enviar o produto, um pesadelo para um CEO.

Quando o primeiro iPod foi finalmente lançado, dentro havia um disco rígido de 5 GB Toshiba do tamanho de uma moeda de 0,25¢, o mesmo processador ARM usado no Newton e no Acorn, um sistema operacional da Pixo, uma tela grande de alta resolução, uma bateria de polímero de lítio (que durava um pouco mais de três horas) e, é claro, a roda de rolagem da tela.[2] Esse era um desvio distinto dos tipos de controles do Walkman da Sony, uma enorme vantagem para o usuário que agora podia simplesmente girar a roda para selecionar entre milhares de músicas. Esse dispositivo deu ao iPod uma significante vantagem de usuário experimental em comparação aos aparelhos de MP3, como os da Nomad ou Compaq. Uma lição profunda aqui é que detalhes são muito importantes. Jobs sabia disso e se envolveu no nível dos mínimos detalhes para fazer do iPod um grande sucesso.

De certa maneira, a história do iPod é um cenário dos sonhos para o que estamos discutindo aqui. Design, como uma abordagem totalmente integrada para a experiência do usuário, contém elementos de risco, de descobertas ao acaso e de lições aprendidas com o fracasso.

Design, como uma abordagem totalmente integrada para a experiência do usuário, contém elementos de risco, de descobertas ao acaso e de lições aprendidas com o fracasso.

Assim como com qualquer outra coisa na vida, você não vai a lugar nenhum se ficar sentado no conforto de seu lar. Você realmente precisa sair e se arriscar para progredir. Esta é também uma parte importante do design – após aprender com seus fracassos, você parte para algo que esteja funcionando, baseia-se nele e segue em frente. Por trás de toda luta – às vezes boa, às vezes ruim – você vê emergir uma série de eventos conscientemente projetados, dos quais você extrai sua renda ao ser incrivelmente intencional sobre a criação de uma experiência, tendo o design ótimo como um elemento estratégico central.

A Apple lançou gerações e versões subseqüentes do iPod. A primeira versão foi apresentada ao mundo em um auditório alugado em Cupertino para uma platéia chocada, que foi mais hostil do que amigável. O preço de $400 e a falta de compatibilidade com o Windows foram considerados dois pontos negativos contra o primeiro iPod. Embora a recepção na Europa tenha sido mais entusiástica, a Apple rapidamente lançou uma versão de 10 GB e, assim que possível, forneceu um utilitário que permitia que os usuários acessassem a experiência do iPod de um PC Windows. Como parte do processo evolucionário, a Apple substituiu a roda de rolagem com uma versão sólida, similar a de um notebook. As atividades continuaram, através das gerações dois, três, quatro e além. O princípio motor de cada mudança e iteração veio de um foco intenso na experiência dos clientes, ao valorizar sua conexão emocional com o mundo de música digital possibilitado pela Apple.

Se quiser transformar sua marca até o ponto de ser importante, precisa começar com um design que seja "embutido" e não "adicionado".

O iPod é um produto icônico, um portal para uma experiência dos clientes que redefiniu toda uma indústria. Jobs não jogou o jogo; ele mudou o jogo.

O ponto crucial da história da evolução do iPod é que, se você quiser transformar sua marca até o ponto de ser importante, é preciso começar com um design que seja "embutido" e não "adicionado". Ele não pode ser uma fachada. Design não é um evento ou processo que você aplica à realidade física e mecânica. Você está projetando uma rede de fornecimento da experiência dos clientes. Se você é o CEO, e isso é algo que você realmente quer, não é apenas uma questão de juntar sua equipe executiva e dizer: "Desenhem mais coisas". É preciso examinar sua empresa do começo ao fim e ver como ela se relaciona com seu cliente; em seguida, é preciso decidir como projetar todas as peças de um sistema solar das experiências dos clientes e o que fazer para realizar uma mudança verdadeiramente organizacional.

Você não consegue isso apenas realizando uma reunião fora do escritório e dizendo: "E lembre-se de que o design é importante hoje em dia, portanto reportem a mim em seis meses e me mostrem algumas coisas realmente boas". Você precisa desenhar todo um sistema organizacional alinhado de cima para baixo, voltado para o design. Qualquer dissonância no design da cultura, na estrutura organizacional e nos incentivos produzirá lixo tóxico no ambiente e você perderá. Confie em nós – o ambiente sempre ganha.

Vamos voltar ao Jobs e à Apple. A recepção à idéia do que se tornou o iPod, e todas as etapas que se seguiram, foi, em grande parte, sorte (lembre-se, algumas empresas hábeis rejeitaram o produto) ou foi resultado de um espírito motivado na empresa toda com respeito à "experiência dos clientes" embutida na cultura da Apple? Nossa resposta é que você "merece sua sorte". Pegue o Macintosh, por exemplo; ele talvez tenha sido iniciado com a crença no poder do computador pessoal, mas o design bom começou com a busca para trazer

Ser voltado para o design não será conseguido apenas mantendo reuniões fora do escritório e dizendo: "Design é importante, portanto, reportem de volta em seis meses com coisas boas".

esse poder para as pessoas em um fator de formato que elas pudessem usar. O processo que levou ao Mac evoluiu através do desenvolvimento do Land II da Apple, do foco da Apple em lançar computadores com preço razoável, confiáveis e fáceis de usar para o resto da população.

Images 1-5, 7-8 Courtesy of Apple Inc.

Você provavelmente se lembra que os primeiros computadores da Apple não eram nada atraentes e a mensagem não era muito boa. Entretanto, a facilidade de uso e o que acontecia na tela, da perspectiva do usuário, fizeram com que o Mac se tornasse um ícone. A empresa descobriu o poder do design e Jobs conduziu essa idéia de muitos pontos de vista – desde o tamanho à insistência em uma interface gráfica elegante para o usuário do sistema operacional. Ele queria que a experiência total fosse excelente. É preciso acertar a experiência. Jobs e a Apple transformaram o computador de uma coisa científica e complicada nessa caixinha bonitinha – uma caixa com aplicativos sensacionais como o Adobe Photoshop e o PageMaker.

Esse foi o primeiro período para a Apple. O segundo período começou quando a empresa entendeu o poder do ícone e da experiência física. Durante o primeiro período, a empresa usou aquilo a que, na linguagem de design, nos referimos como "Estilo Vale do Silício". Era do gênero da HP - tudo era bege, com beiradas anguladas e desenhados como um pequeno aparador. A Apple então disse: "Olha, há um mundo inteiro lá fora". E foi aí que Jobs empregou Hartmut Esslinger e Frog Design para criar o que veio a ser uma das primeiras e mais bem-sucedidas linguagens de design voltadas para a marca – buscando uma aparência e um sentimento que se estenderiam por toda uma linha de produtos (a linguagem do design é o assunto do Capítulo 7: "Seus Produtos e Serviços Estão Falando com as Pessoas"). Eles tiveram muito sucesso com isso. Foi aí que o design assumiu o controle e a Apple tornou-se a empresa *bona fine* voltada para o design.

O período de tempo entre Jobs ser despedido e encorajado a voltar foi a alavancagem do impacto de ser uma empresa voltada para o design e crescer com isso. As pessoas não percebem que, embora esse período tenha sido esquecido, a Apple cresceu a ponto de ser uma empresa de $12 bilhões e de vender produtos em todos os lugares. Isso realmente influenciou a idéia de marca da Apple. Ao mesmo tempo, a rajada de atividades focadas em direção ao crescimento retirou um pouco a ênfase da experiência total dos clientes. John Scully foi um bom líder, tendo design em seu currículo (Rhode Island School of Design), e tinha muito interesse na inovação (assim como o PowerBook original), mas, ao mesmo tempo, muitas pessoas vinham da Sun e da HP, e o objetivo era fazer da empresa grande e ampla. A Apple continuou a construir uma capacidade extraordinária de design, a fazer produtos excelentes e a ganhar prêmios, mas as várias partes do lado comercial da empresa tentavam ser tudo para todos, o que diminuiu o foco na experiência central da Apple e em seus ideais.

Você não sacrifica a experiência pelo crescimento; você impulsiona o crescimento a partir da qualidade da experiência.

Logo, Jobs retornou e tornou a focar na criação de experiências significantemente melhores para os usuários. Ele disse: "Veja, estamos falando da experiência, e é preciso entender que o bem mais poderoso que a Apple tem é sua marca e a experiência que as pessoas têm. Você não pode sacrificar isso. Na realidade, você precisa fazê-la constantemente melhor". Isso introduziu o terceiro período e, com ele, o iMac. Se olharmos para trás, a Apple sempre teve tudo a ver com ícones. Ela tinha o PowerBook, que ainda hoje é conhecido como MacBook – o mesmo design com materiais diferentes. Ela tinha o Mac original, em seguida o iMac, depois o iPod e agora o iPhone, a Apple TV e o MacBook Air. Esses produtos sempre representaram os valores centrais da empresa. É uma história interessante de design, mas a Apple não a teve desde o começo. Ela tem tido um processo contínuo de crescimento. O Mac iluminou o poder do design da experiência e a natureza icônica de produtos similares a este.

A possibilidade de uma organização entender a noção de "Não apenas jogue o jogo, mude-o" vai muito além do mundo de aparelhos eletrônicos e produtos domésticos. Não importa em que negócio você esteja, você deveria focar nesse tipo de design integrado. Vamos examinar um exemplo de uma categoria totalmente diferente.

O Cirque du Soleil (francês para "Circo do Sol") começou em 1984, em Québec, com uma síntese de estilos circenses, sem picadeiro, sem animais, sem cortinas, música ao vivo contínua, um tema central poético e enredo para seus atores. Durante seu tour pela América do Norte, o qual incluía apresentações nas Olimpíadas de Inverno em Calgary e em São Francisco, Nova York, Washington e Toronto, tornou-se um imenso e icônico sucesso. O título do tour era "Reinventamos o Circo". Mas por que o Cirque du Soleil sentiu a necessidade de reinventar o circo?

Nos dias de auge do circo itinerante, de 1880 a 1920, "O Maior Espetáculo da Terra" de Barnum e Bailey, os Ringling Brothers, e muitos outros circos como esse, viajavam com shows em tendas para as principais cidades dos Estados Unidos com palhaços, elefantes, acrobatas e um leque previsível de aparições, atos e novidades. O circo, na forma de arte ou entretenimento, teve uma queda significante em popularidade durante os anos 50 e 60 – um período no qual houve um aumento na preocupação com o bem-estar dos animais e o tédio público geral com um gênero que pouco havia mudado em um mundo em mudança. O circo era também um meio popular em um ambiente onde tinha de competir com a TV e o número crescente de distrações igualmente coloridas. Ainda assim, os tambores do circo soaram numa cadência inalterável, e o homem era atirado do canhão da mesma maneira que sempre foi. Para muitas pessoas, ele não era mais uma experiência em movimento.

O Cirque du Soleil mudou o jogo para sempre, com uma experiência engenhosa e integrada, em um formato mutável e evolucionário, para ser chamado de *cirque nouveau*, o novo circo. A platéia também mudou para uma platéia que aprecia artistas talentosos que se balançam em cortinas em movimento ao som da música escrita por compositores modernos, pares impressionantes de contorcionistas e equipes de acrobatas que trabalham em sincronia – tudo em uma história compelida e reveladora. É uma experiência totalmente engajadora, que levanta as emoções e proporciona um novo tipo de entretenimento.

Um show do Cirque du Soleil é uma história compelida, reveladora. É uma experiência totalmente engajadora que eleva as emoções. Este é o centro de todo o conceito.

O Cirque du Soleil é hoje um negócio de *tours* anuais com filmes, produtos relacionados e uma renda anual de mais de USD$500 milhões. P.T. Barnum está provavelmente se revirando em seu túmulo. No entanto, suas origens eram mais modestas. Dois artistas de rua, Guy Laliberté e Daniel Gauthier, fundaram a empresa em 1984. Os primeiros anos foram difíceis e eles precisaram da ajuda de empréstimos do governo. Eles empregaram Guy Caron, da Escola Nacional de Circos, para criar um clima de shows voltados para a experiência, com um tema central e enredo. A companhia de atores (trupe) teve sucessos nos anos 80, como o Festival de Arte de Los Angeles, mas também teve seus fracassos. Então, sob a direção de Franco Dragone, foi criado o show *Nouvelle Expérience*, o que fez, por volta de 1990, com que o Cirque tivesse lucro e encorajou novos shows. Mas a força motriz e formadora, que fluía e refluía e que manteve o show vivo, foi uma experiência baseada no design, em um envolvimento emocional com a platéia.

Janice Steinburg, que assistiu à apresentação do Cirque du Soleil em 1987, em San Diego, no seu primeiro tour americano, disse: "Assim como um primeiro beijo fabuloso, esse show perdura – ele tremula e dança na memória de qualquer um que tenha tido a sorte de assisti-lo".[3] Segundo Mindy Donner, uma titeriteira e educadora em artes, no show que aconteceu em uma tenda com 1.500 lugares, no estacionamento de um ex-Hospital Naval, perto de Balboa Park, havia "personagens comoventes se arriscando, sozinhos e vulneráveis sob os holofotes, ou aparecendo e desaparendo entre a névoa e os cordames". Na crítica para o *San Diego Tribune*, Robert J. Hawkins descreveu a produção de *We Reinvent the Circus* como uma "ilusão translúcida, na qual os artistas de ralé entravam e saíam da luz lúgubre e da neblina... agarrando-se uns aos outros como fugitivos gentis de algum refúgio". Steinburg disse: "Lembro-me de ter visto essas figuras macabras, frágeis e sentir uma vontade de chorar".

Anteriormente mencionamos que o design, como uma abordagem totalmente integrada à experiência do usuário, contém elementos de risco, descobertas ao acaso e lições aprendidas com o fracasso. São poucos exemplos que expressam isso como o Cirque du Soleil. Laliberté não apenas reinventou o circo, mas também continuou reinventando o Cirque du Soleil, um processo que continua à medida que a empresa progride. No entanto, no início, pense na coragem que foi preciso ter para dizer: "O circo é principalmente para crianças; faremos dele uma experiência para adultos. Circos sempre têm animais; não teremos animais. Circos mostram os mesmos eventos onde quer que vão; teremos um evento diferente todas as vezes, e começaremos com uma história. Circos oferecem um patamar barato de entretenimento; o elevaremos a um patamar mais alto. Ir ao circo é um programa barato; elevaremos o preço até que a experiência seja um desejo, uma experiência que poucas pessoas conseguem pagar".

Laliberté investe aproximadamente 70% das receitas da empresa em pesquisa e desenvolvimento para novos temas e talentos – bem diferente do show no Festival de Arte de Los Angeles, onde a aposta foi um grande risco. Se o show não tivesse sido um sucesso, Laliberté não teria tido o dinheiro para levar a empresa e os equipamentos de volta para o Canadá. Ainda assim, conseguiram voltar e conseguiram muito sucesso face ao número de imitadores. Cirque du Soleil conseguiu isso ao constantemente se reinventar e trocar de projetistas e talentos. Ele não busca talentos tradicionalmente treinados porque esses atores têm a tendência de não serem pensadores independentes – e este é o tipo de vivacidade que esta empresa quer manter.

Com seu enorme sucesso, muitos se preocupam se a comercialização crescente fará com que o Cirque perca a mágica que, inicialmente, fez com que ele desse certo. É possível tornar-se refinado demais e perder a humanidade que fez a conexão emocional com sua platéia? Christopher Isherwood, em uma crítica no *New York Times* do show *KÁ*, do Cirque na MGM Grand, disse: "A própria extensão desta empresa de teatro ... exclui o engajamento emocional no destino de seus personagens". É possível oferecer a experiência pessoal dos shows originais e ainda assim ter um grande apelo para a população? Essa é a corda bamba em que o Cirque du Soleil precisa andar para manter seus principais designs vivos e criar sucesso duradouro.

Design, como temos falado, é um processo vivo e contínuo, que precisa aprender com os erros, se refrescar e assumir novos riscos o tempo todo. Você precisa ficar voltando à idéia de uma experiência e projetar-se em direção a esta, abraçar a vigilância de mantê-la e lembrar-se das muitas facetas. Essa é a verdade para um produto, um serviço, um entretenimento ou mesmo algo como um varejista com endereço fixo. Especialmente nesse ambiente, a localização onde seus produtos são vendidos exige design artístico para a experiência total de clientes.

Design é um processo vivo e contínuo que precisa aprender com os erros, se refrescar e assumir novos riscos o tempo todo.

Por exemplo, quando você entra em um Whole Foods Market, é recebido para uma experiência projetada. Não é preciso perguntar onde estão os carrinhos e as cestas. Um feixe de luz fica direcionado para cada um deles, chamando sua atenção quando você entra. A entrada normalmente é através da seção de hortifruti, onde cada banca está repleta de legumes e frutas, organizados em fileiras simétricas – verdes brilhantes e retesadas perto de amarelos, que se encontram perto de vermelhos – e um assistente em alimentos está sempre pronto para remover qualquer produto estragado ou que tenha caído, ou para ajudá-lo com a seleção. Essa pessoa informada consegue dizer a diferença entre dois tipos de cebolas ou quais tipos de gengibre você deveria provar. Se tiver alguma necessidade especial, como batatas vermelhas do tamanho de uma bola de golfe para um prato especial com filés de salmão, o assistente irá até o estoque e procurará exatamente o que você precisa. E quando você se dirigir à peixaria para comprar os filés de salmão, a pessoa atrás do balcão provavelmente acrescentará alguns limões "porque você provavelmente precisará deles".

Na maioria dos departamentos, existem quiosques com amostras grátis para você experimentar um gomo de laranja ou um pedaço de pão especial de cinco grãos. À medida que você passa para a seção de queijos, "sente o cheiro" do queijo. Há uma grande roda de queijo colocada de modo a fazer com que a brisa leve o "cheiro" até você. Perto dos barris de café, várias cafeteiras fazem café e o aroma o atrai para experimentar o especial do dia, Kona. Por toda a loja, provavelmente encontrará locais onde pessoas estão prontas para servi-lo, onde você poderá se sentar à mesa para deliciar uma refeição de frutos do mar ou um sanduíche, comida italiana ou sushi, cada uma delas com seleções de vinhos diferentes, coordenados com as refeições para que você possa tomar uma taça em um momento relaxante – uma experiência.

Há o corredor de alimentos preparados para aqueles trabalhadores ocupados, que passam no mercado no caminho de casa, mas que querem preparar uma refeição especial. Se você decidir jantar na loja, há também uma ampla variedade de alimentos frios e quentes prontos para serem consumidos em mesas na loja ou no pátio, onde um regato corre por entre as mesas cobertas com guarda-sóis.

A idéia por trás do Whole Foods é mais do que ser um mercado. É uma experiência informativa e recompensadora.

Na saída, a parede atrás dos caixas está coberta de evidências do envolvimento da loja em atividades ambientais e da comunidade local. É claro que os preços são, no geral, um pouco mais caros do que aqueles no mercado mais próximo, mas se você não sair de lá com um sentimento caloroso e bom de que você merece fazer compras dessa maneira, então você não tem prestado atenção.

Vigilância constante, como dissemos, faz parte de um design ativo e integrado. Considere uma loja como a *The Sharper Image*, onde poderíamos argumentar que o desenho originalmente inovador está desgastado. A idéia original era que as pessoas fossem até a loja para conhecer os produtos, então ficariam sabendo mais sobre eles ao ler as revisões editoriais. Essa experiência fazia parte do passeio à loja. Era como folhear uma revista multidimensional. Nem sempre você compra algo – apenas vai lá para brincar com os produtos. Esse era realmente um local onde aprendíamos sobre novas tecnologias com milhares de usos, e provávamos coisas divertidas e inspiracionais. Mas a loja agora tem muita coisa e perdeu muito das revisões editoriais. Eles acabaram de pedir falência.

A empresa que não interage face-a-face com seus clientes tem mais dificuldade em sentir a experiência emocional deles. Considere a Dell, por exemplo. As pessoas realmente não têm uma experiência com a marca até adquirirem seus produtos. Seu contato com o cliente é apenas por meio do site da Dell na Internet. O problema é como interagir com os clientes e sentir o que a marca significa para eles. Isso significa eficácia, aceitação e custo baixo. Mas a Dell tem uma resposta para a pergunta: "Como os produtos são sentidos pelo consumidor?". Ela não é assim tão fácil. É, sim, algo que precisa ser trabalhado. Por um tempo, a Dell espalhou quiosques de vendas nos Shopping Centers, com pessoas usando camisas pólo azuis para mostrar os produtos, mas os consumidores não podiam comprá-los ali, o que gerou mais confusão do que entendimento.

Empresas voltadas para o design focam nas pessoas durante todo o processo. É isso que impulsiona o desenvolvimento. Tudo vem da idéia da criação de uma resposta emocional.

Quando a Amazon.com começou, ela precisava passar por uma série de etapas inovadoras para se conectar ao nível emocional da experiência de um cliente. Como você faz com que um cliente se sinta mais bem atendido por um site na Internet do que por uma pessoa ao vivo? (Na realidade, não é muito difícil se você refletir na sua experiência média em grandes lojas varejistas.) Uma das etapas era fazer com que as compras fossem fáceis e seguras. A opção "1 Clique" foi uma idéia brilhante. O oferecimento de opiniões dos clientes abriu uma avenida interativa e criou um senso de comunidade que mitigou o temor de comprar sem tocar e sentir. Um sistema de dados recorria aos interesses dos clientes. Se você estivesse comprando para você mesmo, seus filhos ou seus avós recebiam sugestões de vendas relacionadas que geralmente resultavam em vendas adicionais para a Amazon e uma experiência melhor para você. Veja se a maioria dos vendedores com os quais você conversa se lembra de suas preferências pessoais. Mas a Amazon é à prova de balas? Não, nada é. Você sentiria falta dela se ela desaparecesse? Nós sentiríamos. Você sentiria?

Isso nos leva ao contexto de todas as pessoas em qualquer negócio. Por que é tão importante que o design seja parte de todos os aspectos de sua empresa, de uma extremidade à outra? O que é uma empresa voltada para o design? É quando qualquer empresa começa colocando a experiência no primeiro plano e trabalhando na exteriorização disso. Você pode ver empresas cujo principal produto é a tecnologia ou, talvez, o serviço, e que são voltadas para o design, uma vez que são moldadas e impulsionadas pelo que os consumidores vêem, experimentam e valorizam. Para essas empresas, é isso que impulsiona o desenvolvimento – marketing e vendas, até mesmo produção e distribuição. Tudo vem da idéia de "O que estamos projetando para as pessoas, para qual resposta emocional e como precisamos fazer isso?".

Com o exemplo anterior, do Whole Foods Market, tocamos no fato de que, algumas vezes, as pessoas estão dispostas a pagar um pouco mais por uma experiência que seja emocionalmente positiva. Dessa maneira, design representa uma parte do valor da equação pela qual as pessoas pagarão um prêmio. Você projeta para a categoria de clientes que quiser, o tipo que está disposto a pagar um prêmio por uma experiência superior, como é o caso do Whole Foods. No caso da Southwest Airlines, geralmente se obtém uma experiência melhor por menos – e isso é muito bom, não é?

Assim, quando estiver falando sobre a direção de sua empresa, é preciso entender que, quando as pessoas pagam um prêmio por uma experiência que você projetou para elas e com a qual elas se conectaram e valorizam, esta é a única coisa que seu concorrente não consegue replicar imediatamente. A United não consegue replicar a Southwest. Quando seus clientes decidirem que você é importante, dependerá de você o que fazer a seguir. Se você o fizer bem feito e permanecer no topo, é um bem inacreditável, e poderá ganhar muito com isso. O resultado ideal. Entretanto, isso não significa que você poderá relaxar.

Agora, tudo isso não é apenas uma boa idéia – é fazer ou morrer. Se sua empresa não abraçar o conceito de design do qual temos falado, o tipo que incorpora uma experiência positiva e emocional de clientes, ela poderá, em breve, estar pendurada por um fio. Existem muitas razões pelas quais fazer negócios tornou-se muito mais desafiador. À medida que o tempo passa, os clientes tornam-se mais exigentes em termos de design. Tudo que você precisa fazer é visitar alguns blogs, sites de opiniões dos clientes ou mesmo plataformas de vendas para ver o feedback cândido que motiva as empresas a melhorar o design se quiserem permanecer vivas. Produtos e serviços melhoram. No mínimo, o melhor se torna inacreditavelmente bom, e o ruim, bem, o ruim fica pior.

Nos últimos dez anos de crescimento significativo, especialmente nos Estados Unidos, emergiu um entendimento público de design. As pessoas tornaram-se mais interessadas e perceptivas sobre como as coisas são, como elas funcionam, qual a aparência delas e como elas se comportam. Isso fez com que as empresas começassem a investir em design. Mais empresas estão gastando mais dinheiro e tempo em design – embora muitas delas ainda não estejam indo muito bem. A tendência continua a crescer.

Se um alto nível de detalhes não for projetado no produto, você estará recebendo uma mercadoria qualquer, e não tem como você ganhar a guerra de mercadorias. Você perderá essa batalha.

Uma idéia mais ampla aqui é que a projeção singular e valiosa de um conjunto de experiências de clientes é apenas uma das estratégias realmente defensáveis. Se você tem sua própria abordagem ao design voltado para a marca, outras pessoas não conseguem tirar isso de você realmente. Elas tentarão copiá-lo, mas se tornarão meramente derivativos. Se você fizer um bom trabalho, terá algo que se tornará uma estratégia muito forte e defensável. Com uma gestão brilhante da rede de fornecimento da experiência dos clientes, quando um cliente compra seu produto ou paga pelos seus serviços, ele tem a sensação de que está participando de algo. Isso vai muito além da concepção física do produto. É a totalidade da experiência da comunidade de clientes, todas as pessoas que fazem negócios com você e todos que usam os produtos e serviços que você produz ou entrega.

Os fregueses no legendário Chez Panisse de Alice Waters *sentem-se* conectados à comunidade de produtores e ao próprio solo em si quando experimentam o memorável prazer de uma comida maravilhosa, natural e delicadamente preparada com ingredientes extraordinários. Alice Waters pode não se ver como a arquiteta de uma empresa voltada para o design, mas nós a conhecemos há 30 anos e ela o é também.

Assim sendo, se esse nível de atenção aos detalhes não for projetado no produto, você terá mercadorias generalizadas e não terá como ganhar a guerra de mercadorias em geral. Você perderá essa batalha.

Em muitas maneiras, a Dell é um exemplo vivo dessa realidade. Michael Dell é bastante esperto. A Dell é, obviamente, uma empresa extremamente bem-sucedida, construída ao redor de um modelo operacional brilhantemente projetado. Mas porque, como empresa, ela nunca abraçou completamente o design com, no centro, o espectro completo da experiência total de seus clientes, ela se tornou uma presa fácil no mundo das mercadorias generalizadas. Um exemplo é que as pessoas conseguiram copiar o modelo operacional da Dell; era apenas uma questão de decifrá-lo e fazê-lo. Como resultado, a empresa agora diluiu o seu valor para o consumidor. Ela recentemente lançou produtos tremendamente bem projetados e tem consistentemente entregue tecnologia durável e excelente. Entretanto, isso não é a mesma coisa que ser uma empresa voltada para o design, e afirmamos que sua capitalização de mercado sofre como conseqüência.

Você constrói seu valor com o tempo. Quando isso é feito com sucesso, é similar ao valor em qualquer outra coisa. Ele se acumula, é estável e está aí. Quando você não constrói o valor, as pessoas realmente não sabem quem é você. Quando sua empresa é consistente, focada em design e no impacto do design na experiência, você constrói, nos corações e mentes das pessoas, uma reserva de capital sobre quem você é e sobre o quão importante você é para elas. Este é um bem muito valioso.

O seu valor para seus clientes é construído com o tempo. É similar ao valor em qualquer coisa. Ele se acumula, é estável e está aí. Se você não construir o valor, as pessoas realmente não saberão quem é você.

O fato é que muitas empresas conscientemente criaram seu valor para seus clientes como parte de um plano estratégico, em vez de vê-lo como algo que acontece acidentalmente durante o percurso. Mas elas muitas vezes não incluem todos os elementos que realmente importam. Dell construiu muito do seu valor ao redor do seu preço, seu modelo de entrega, sua habilidade em configurar e customizar, e sua meta em ser um parceiro comercial. Tudo isso é muito bom. Mas espere – tem de haver mais. Essas coisas boas não são aspirações ou inspirações suficientes para ligar os clientes a uma empresa, marca ou produto. A Dell está trabalhando no "mas espere – tem de haver mais". A empresa tem pessoas inteligentes. Se a Dell acreditar que o design da experiência total de clientes é importante (e ele é), ela decifrará o que é esse algo a mais.

67   Como Ser Importante

Algumas empresas, como Apple, Nike e BMW têm feito isso consistentemente bem por um longo período de tempo. Uma conseqüência surpreendente é que, quando a empresa estabelece esse compromisso permanente com uma cultura voltada para o design, focada na experiência dos clientes como o critério definidor de design ótimo, o cliente, por sua vez, geralmente dá à empresa a opção de falhar de vez em quando. Se você é motorista de um BMW e a BMW coloca um modelo menos do que perfeito (e eles tiveram alguns com reputação muito ruim em termos de design), você dá um desconto para a empresa. "Essa é a BMW", você diz, "Eles estão apenas brincando. Estão testando alguma coisa nova e logo estarão de volta nos trilhos". Por outro lado, se a Chevrolet surgir com um "ferro velho", você provavelmente diria: "Lá vamos nós outra vez. Com a Chevrolet é sempre assim". A Chevrolet foi uma decepção para você, não supriu suas expectativas, portanto você tem uma resposta diferente.

Quando uma empresa estabelece esse compromisso permanente para com uma cultura voltada para o design, o cliente, por sua vez, dá à empresa a opção de falhar de vez em quando.

Quando uma empresa estabelece uma idéia, as pessoas se agarram a ela e crescem com ela, para melhor ou pior. Depende de você criar e manter um valor positivo. Ele é vital para você. Dependendo da natureza emocional do valor que você constrói, ele poderá impulsioná-lo ou derrubá-lo. Como cliente, esse objeto ou serviço com o qual você interage lhe envia informações. Quando você o vê, o toca e o usa, está recebendo informações.

Esta é uma noção muito importante que ajuda a responder as questões: "Por quê? Por que design ou morte, e por que agora?". Como diz Marty Neumeier: "Fomos de uma economia de produção em massa para uma economia de customização em massa". Anteriormente, produtos eram produzidos em grandes quantidades e tínhamos poucas escolhas. A quantidade de capital e tempo investidos na elaboração de um produto era tão significante que as variações, ou opções diferentes, eram geralmente bastante limitadas. Nos últimos dez anos (especialmente nos últimos cinco), a habilidade em fabricar rapidamente cresceu exponencialmente, juntamente com a habilidade em produzir variações. A habilidade em configurar de acordo com o pedido também cresce rapidamente.

Conseqüentemente, não podemos mais tomar decisões sobre produtos baseadas em suas características particulares e benefícios, porque ou todo mundo tem as características e benefícios, ou consegue alcançá-los rapidamente. Assim, como consumidor, baseado em que você faz suas escolhas? Você faz escolhas com base no emocional. Faz escolhas baseadas no que o produto diz para você, sua conexão com uma marca de confiança e as qualidades e significados que investiu naquela marca.

Isso descreve o estado atual. Mas muitas empresas não reconhecem, totalmente, a importância de um componente emocional, isso porque esse componente não pode ser usado em uma planilha. Características racionais e análise de benefícios não são mais eficazes porque existe muito mais para os simples mortais. Vá comprar uma TV. Como começar sua busca se você não sabe como ela se parece, como a imagem dela se conecta com você e como a qualidade do som soa para você?

Se tentar fazer isso apenas com a leitura das especificações (vejamos, 1080i é o suficiente ou eu preciso de 1080p?), analisar características, comparar tamanhos e até mesmo preço – esqueça! Como tomar uma decisão? Você olhará para elas e dirá: "Bem, eu sei que a Sony é uma marca boa, e a Samsung é uma marca boa". Dirá: "Oh, eu gosto da aparência daquela. Ela ficará bem na minha casa". E quando assisti-la: "Oh, a imagem ficou realmente grande e o som é maravilhoso". Essas são as coisas que realmente importam quando as pessoas fazem escolhas hoje em dia. É o ponto crucial do porquê a experiência de design que impulsiona a conexão com a marca tornou-se tão importante. Ela sempre foi importante, mas agora é crucial.

Se você ainda não está integrando o design da rede de fornecimento da experiência dos clientes por toda sua empresa, precisa começar a agir logo. No próximo capítulo, examinaremos mais a fundo as empresas voltadas para o design e consideraremos como a sua poderia tomar medidas para se tornar uma.

Ser Voltado para o Design

Design como um conceito total – como as empresas icônicas voltadas para o design se comportam – um exame sobre o que a sua empresa precisa fazer para tornar-se voltada para o design – como empresas como Apple, Samsung e Interactive se comportam e como o design está embutido em suas culturas.

Digamos que você saiba que sua empresa ainda não é o ícone que você quer que ela seja. Talvez você tenha tomado algumas medidas, tentativas ou assertivas, mas ainda não é uma empresa voltada para o design, de uma extremidade à outra. Bem, é preciso ser. Isso não é fácil; caso contrário, muitas empresas estariam fazendo isso. Se sua empresa, produtos ou serviços não moram na mente de seus consumidores como uma experiência emocional positiva, é preciso se olhar candidamente e considerar o que é preciso para começar e continuar trabalhando.

Este capítulo e os próximos ensinam como tornar-se voltado para o design como uma empresa. Durante esse percurso, é preciso progredir através das etapas seguintes:

- *Percepção* sobre onde você está e onde precisa estar.
- *Compromisso* para dar o salto de fé.
- *Implementação* de algumas novas abordagens e pessoas, dando pequenos passos para medidas completas.

- *Vigilância* para se manter renovado e extrair o máximo das necessidades atuais dos clientes para uma experiência emocional. Você precisa se manter atualizado sobre todos os aspectos da rede de fornecimento da experiência dos clientes para que todas as coisas que causam um efeito no design sejam feitas adequadamente e sejam coordenadas.

Vigilância é importante porque as empresas que antes "entendiam" o conceito mostraram que é possível "perdê-lo". Depende de você manter o processo rejuvenescido e vivo. Antes de começar, você precisa do primeiro passo, que é a percepção. O propósito deste capítulo é explorar esses tópicos – começar a responder a questão: "O que é uma empresa voltada para o design?".

Conrad Hilton tornou-se famoso por algumas coisas, sendo que a menos importante foi ter Paris Hilton como descendente. Ele é mais famoso por dizer que todos os membros do quadro de funcionários do hotel estão na equipe de vendas, desde o porteiro ao mensageiro, do recepcionista ao contador. Hilton queria que a experiência do cliente estabelecesse uma conexão emocional com sua marca. Todos os detalhes eram voltados a isso. Os hotéis Hilton estavam entre os primeiros a colocar um *H* na areia branca dos cinzeiros que ficam nos corredores e a dobrar a ponta do papel higiênico em forma de triângulo.[5] O efeito era comunicar ao cliente: "Estamos prestando atenção a todos os detalhes da sua estadia".

Hilton claramente tinha a experiência do cliente em mente, mas isso fez com que sua empresa fosse voltada para o design? Não. Não demorou muito para os concorrentes colocarem um *S* na areia dos cinzeiros, e não era muito difícil dobrar a ponta do papel higiênico. Concorrentes mal informados chegaram ao extremo de oferecer itens de cortesia em forma de origami, o que era o suficiente para manter os hóspedes longe, com medo de se cortarem com o papel.

> *É importante estar ciente de qual parte do que você faz é realmente icônica e não pode ser copiada pelos concorrentes.*

Um passo para a percepção é reconhecer qual parte do seu design os concorrentes não conseguem facilmente replicar e o que é uma experiência realmente icônica que não pode ser copiada.

Uma empresa voltada para o design tem compromisso desde o topo. Hilton tinha esse compromisso quando Conrad ainda era vivo, mas tem, desde então, tornado-se apenas mais uma rede "respeitável". Hilton não conseguiu manter sua qualidade icônica sem foco, vigilância e inovação. Como observado, a Apple começou a derrapar durante o período em que Steve Jobs não esteve presente, mas ela rapidamente restaurou o foco quando ele retornou. Por contraste, tem sido difícil para a Dell tornar-se voltada para o design, a qual brilhantemente construiu um negócio usando uma esplêndida gestão tradicional da rede de fornecimento, em vez do foco numa experiência intencional da experiência dos clientes. As empresas precisam defender o compromisso de se tornarem voltadas para o design com a vigilância implacável da rede de fornecimento da experiência dos clientes. Esta deve começar no topo e se espalhar para todos os aspectos operacionais da empresa.

É por isso que uma empresa não se torna uma empresa voltada para o design sem liderança executiva contínua. É inevitavelmente difícil, não é a paixão inicial de todos, e talvez sejam necessárias coisas com as quais você não se sente confortável ou que não tenha feito antes. As pessoas não têm esse desempenho a menos que estejam inspiradas, sejam forçadas ou recebam algum incentivo para fazer isso – é a natureza humana. Conseqüentemente, você precisa de um defensor que entenda tudo isso e esteja disposto a impulsionar a mudança do sistema.

A Apple continua sendo um exemplo excelente. A venda de 25 milhões de iPods faz isso, assim como ser reconhecida como a empresa mais inovadora do mundo várias vezes. Sim, já sabemos – você leu as notícias e muitas vezes ficou cheio de ouvir os "conhecedores" comentarem. Mas o problema é que existem poucas empresas que realmente alcançaram esse nível de supremacia com relação ao foco em design. Entretanto, considere isso como uma boa notícia, porque

Se você examinar o interior de qualquer empresa voltada para o design, encontrará alguém fazendo o serviço de "diretor de experiências".

isso também é um aviso de oportunidade para que você saia e lidere um desfile. Se você examinar o interior de qualquer empresa voltada para o design, encontrará alguém fazendo o serviço de diretor de experiências.

É o que você precisa fazer se você não for Steve Jobs, porque não é preciso ser diretor executivo para ser diretor de experiências. Acontece que Jobs tem as duas funções, mas não precisa ser assim.

De volta à Apple. Como ela realmente é por dentro? Segundo o Vice-Presidente Sênior de Design da Apple, Jonathan Ive, que em 2003 ganhou o prêmio de Designer do Ano na inauguração do Museu de Design de Londres, "não é apenas fundamental que a liderança de uma empresa entenda claramente seus produtos e o papel do design, mas que o desenvolvimento, a comercialização e as equipes de vendas estejam igualmente comprometidas com algumas metas. Mais do que nunca, estou ciente de que o que alcançamos com design é solidamente dependente do compromisso de muitas equipes diferentes para resolver os mesmos problemas, além de seu compartilhamento das mesmas metas."[6]

Muitas empresas se preocupam com a diferenciação, em vez de tentar inovar – Jonathan Ive.

Ive diz ser este o motivo de muitos produtos serem brandos e derivativos: "Muitas empresas competem entre si com propósitos similares. A meta de muitos produtos que vemos é ser superficialmente diferente. Muitas empresas se preocupam com a diferenciação, em vez de tentar inovar e realmente ir com calma, investir os recursos e se importar o suficiente para tentar e fazer algo melhor".

Considere essas características de experiência voltada para o design da Apple:

- **Parte da alta gerência** – A equipe sênior está totalmente comprometida em não apenas defender a estratégia voltada para o design, mas também em fazer de design e inovação características do DNA da empresa. Segundo Ive, esta é a parte mais importante do sucesso da Apple como uma empresa voltada para o design.

- **Foco voltado para o design** – Design não é aplicado como uma reflexão posterior ou uma roupa na vitrine. Design também não é primariamente boa aparência. Design tem a ver com resolver um problema ao misturar funções e usabilidade, geralmente de maneira icônica, para criar uma conexão emocional com o cliente prospectivo. Como diz Jobs, é fazer produtos "que as pessoas amam".

- **Pensar de forma diferente** – Excelência não é alcançada ao fazer como todos fazem. Ao pensar de forma diferente, você faz a diferença. De certa maneira, o iPod da Apple tinha menos características do que os produtos dos concorrentes, mas o design do aparelho funcionou para proporcionar uma experiência melhor para os clientes. As pessoas realmente amam seus iPods.

- **Do protótipo para o mercado rapidamente** – Uma empresa voltada para o design não fica trabalhando em um produto até que ele esteja perfeito. Citando Jobs: "Os artistas enviam". Em vez disso, uma empresa voltada para o design lança novos produtos rapidamente e com freqüência, e os aperfeiçoa em resposta ao feedback dos consumidores. O iPod surgiu com uma versão de Windows fácil de usar no seu primeiro ano de lançamento.

Quando você vê empresas que são excelentes em design e voltadas para este, verá que elas estão, desde o começo, buscando a oportunidade certa; elas já estão pensando sobre a possibilidade de design da experiência. Quando elas encontram a oportunidade, começam a projetá-la. Quando partem para a engenharia, o design dos elementos físicos e emocionais é muito importante para o engenheiro. O elemento emocional não é algo a ser eliminado por causa dos custos. É preciso descobrir como criá-lo. A mesma coisa acontece na produção. A seleção de materiais de qualidade e como as peças se encaixam (encaixe e acabamento) devem ser parte integral do design. As empresas não podem ver esse elemento como: "Oh, estamos gastando 50¢ extra vamos eliminá-lo". É preciso descobrir como fazer isso e, em seguida, levar o produto para distribuição.

Empresas voltadas para o design fabricam da maneira que projetam, em vez de projetar da maneira que fabricam.

Considere outro exemplo instrutivo e estimulante da Apple: quando a empresa cria um produto novo, ela não o força a uma linha de produção existente e espera para ver o que acontece. Quando o design do produto usa plástico transparente, a empresa troca toda a iluminação da fábrica, e todos usam luvas. A empresa elabora sua linha em torno da realidade

Empresas voltadas para o design fabricam da maneira que projetam, em vez de projetar para a maneira como fabricam.

de que "tem de manter a qualidade dessas peças". As pessoas precisam ser capazes de enxergar as peças à medida que o produto se opera por meio de um sistema em que não haja arranhões. A Apple investe nisso. Outra empresa simplesmente diria: "Vamos colocá-lo nessa linha", e depois: "Oh, estamos tendo muitos defeitos. Isso está nos custando muito caro – não podemos fazer assim. A taxa de rejeição é bastante alta". O design precisa ser considerado em todas as etapas do processo, e, é claro, na promoção e no mercado. Essa é a idéia por trás de uma empresa voltada para o design. É um processo, não um evento. É o modo como você faz as coisas.

É importante entender como você pode se tornar voltado para o design. Não basta apenas ligar uma chave e fazê-lo do dia para a noite. É preciso dar tempo ao tempo. O progresso geralmente é não-linear.

A Apple não começou como uma empresa voltada para o design, ela se tornou uma. À medida que focava na experiência dos consumidores (acima de muitas distrações), ela se tornou uma empresa voltada para o design. O pioneiro Grupo de Design Industrial da Apple foi estabelecido por Brunner durante os anos de Scully. Ela continuou a fazer designs ótimos e a construir uma equipe de design excepcionalmente talentosa. Mas, ao mesmo tempo, a gerência não entendia no que a Apple era realmente boa e o que realmente importava. O foco foi rapidamente mudado quando Jobs retornou e viu que a empresa havia se desviado. Ele percebeu que a empresa não estava suprindo as capacidades plenas de uma infra-estrutura de design singular.

Design, como discutido aqui, é, na realidade, uma metodologia que você usa para moldar e criar o relacionamento entre você e seu cliente. Design significa que você está premeditadamente criando, desenvolvendo, fazendo protótipos e fabricando com as emoções dos consumidores em mente, e não simplesmente deixando que tudo isso se desenvolva e aconteça. Muitas empresas fazem seus negócios em seus pequenos cubículos. Trabalhando independentemente, elas preparam uma experiência de maneira perigosa. Em seguida, tentam moldar tudo – isso não está dando certo aqui, vamos consertar este, depois passamos para este outro. Embora às vezes consigam melhorar as coisas, elas não estão alinhadas a qualquer tipo de "onde estamos indo".

Fazer designs ótimos é trabalho de todos, não apenas do projetista.

Design é trabalho de todos. E se o CEO quiser fazê-lo corretamente, ele precisa entender isso. Enquanto pensa em se tornar uma empresa voltada para o design, medidas pequenas e grandes serão tomadas. Mas se quiser saber o que é preciso fazer, você precisa construir um processo de desenvolvimento centralizado nas pessoas e nas experiências. É preciso dar a todos um incentivo para ser uma parte ativa desse processo. É preciso construir um processo de marketing que possa categorizar e comunicar essas idéias de design às pessoas, enfatizando design como parte integral de tudo. É preciso construir um sistema de engenharia que entenda que as pessoas que estimulam a sensibilidade e os valores do design são, ao mesmo tempo, parte das equações de marketing, engenharia, produção e entrega.

Portanto, se quiser se tornar mais voltado para o design, é preciso entender que este é um conceito total. Você não pode simplesmente alocar um departamento de design interno como um passageiro em um avião, sentado no assento do meio, preso entre duas pessoas obesas na fileira 26. Será preciso administrar o relacionamento entre todas as constituintes e os interessados no processo. No design do produto, geralmente há uma briga de gatos e cachorros entre o projetista industrial e o engenheiro. O engenheiro está sempre dizendo: "Eu não sou um cara artístico, e o que é tudo isso sobre como e o que as pessoas devem sentir?". O projetista industrial diz ao engenheiro: "Não quero nem saber se você terá que andar sobre brasas para fazê-lo – simplesmente faça". Toda a equipe de engenharia revira os olhos dizendo: "Lá vão os estilistas novamente. Eles não conhecem nada sobre engenharia ou produção, estão prejudicando a empresa".

Um dos aspectos mais críticos na criação de um bom produto é o relacionamento entre o projetista e o engenheiro – não é um relacionamento natural ou fácil. É preciso garantir valores compartilhados, um entendimento compartilhado e um compromisso compartilhado – todos reforçados pelos incentivos e recompensas corretos que importam para cada indivíduo.

Se você é um projetista, consegue fazer um objeto perfeitamente. É um desafio muito maior fazer milhares, dezenas de milhares, centenas de milhares ou milhões. Você não consegue fazer isso sem o apoio de uma equipe de engenheiros de produção bastante talentosa. É preciso construir esse relacionamento e certificar-se de que as pessoas entendem por que é importante gastar tempo e dinheiro extra. Em seguida, é preciso respeitar os especialistas técnicos com os quais você trabalha e ajudá-los a desenvolver o produto. Também é preciso monitorar o relacionamento com a fábrica e, então, como o produto é entregue ao consumidor. Muito se aprende quando se observa um consumidor desembalar seu produto. Eles ficaram ou não satisfeitos? Você causou uma boa primeira impressão? É preciso saber. Estamos falando sobre administrar toda a rede de fornecimento da experiência dos consumidores.

Resumindo, uma seqüência de eventos impulsiona uma empresa voltada para o design:

- A necessidade do consumidor

- O produto que emocionalmente supre essa necessidade

- A orquestração do design, a fabricação e a entrega do produto para o consumidor

- A vigilância em constantemente antever as futuras necessidades do consumidor e o próximo produto

Este é o ciclo, e o processo não precisará ser doloroso uma vez que todos entendam o negócio e tenham os incentivos corretos. Então você seguirá em frente, rumo à lucratividade contínua. Com isso em mente, vamos examinar uma ou duas empresas onde isso funciona muito bem – e umas duas que não tiveram muito sucesso.

Exemplos Positivos de Empresas Voltadas para o Design

Temos, no momento, algumas empresas de nome como a BMW, a IKEA, a Nike e a Samsung. O conceito de empresa da IKEA é um excelente caso. Seu catálogo e manual do usuário permitem que os clientes façam seu próprio design de interiores e montem os móveis – tudo como parte de seu valor para o consumidor. Em vez de agir simplesmente como um consumidor, o consumidor torna-se um co-produtor ou co-criador, ansioso em ter uma experiência de conquista.

A Samsung atualmente é classificada como a marca número um em eletrônicos para consumo, no entanto, quinze anos atrás, ela era vista como um fabricante de segunda categoria de eletrônicos baratos. O que aconteceu?

Vamos agora examinar uma empresa de nome que, embora não seja exatamente como a sua própria empresa, teve uma mudança dinâmica nos negócios habituais para tornar-se uma empresa voltada para o design. Estamos falando da Samsung, onde existem lições para todos nós.

Design para a Reviravolta da Seoul-Samsung

Em 2006, a *Business Week* classificou a Samsung como a 20ª na lista das 100 maiores marcas globais e a nº 1 na indústria de eletrônicos. A *Business Week* também colocou a Samsung como nº 12 na classificação das "100 Primeiras Empresas Mais Inovadoras" em um relatório especial publicado em 24 de Abril de 2006. Em Janeiro de 2007, a *Brand Finance* classificou a empresa como a marca global nº 1 em eletrônicos. Ainda assim, há menos de 15 anos atrás, algumas pessoas consideravam a Samsung um fabricante de segunda categoria de eletrônicos baratos. O que aconteceu?

Em 1994, o chairman da Samsung, Kun-Hee Lee, que tinha um patrimônio líquido de bilhões e era um dos homens mais ricos e poderosos da Coréia do Sul, começou a transformar a Samsung em uma empresa voltada para o design, cuja meta era vender eletrônicos de alta qualidade a preços populares. Para conseguir isso, a empresa precisava do equivalente cultural a uma reforma extrema para conceber produtos que seriam atrativos ao mercado global mais amplo. A empresa já tinha uma equipe de design e freqüentemente empregava consultores em design. Entretanto, os resultados eram inconsistentes. Assim sendo, Lee, que passou seus anos de faculdade no Japão e nos Estados Unidos, empregou um consultor em design japonês para que, minuciosa e honestamente, examinasse os pontos fortes e fracos da Samsung. O veredicto foi uma surpresa. O consultor disse que a Samsung já tinha projetistas de classe mundial em sua equipe; o problema era o processo.

Lee enviou 17 funcionários da Samsung para a Art Center College of Design em Pasadena (Califórnia) para ver o que eles conseguiriam aprender sobre a criação de uma instalação de design similar em Seul. Em troca, a escola enviou uma equipe para Seul, onde Gordon Bruce, um consultor em design industrial que atuava como a conexão da escola com o Japão, e James Miho, chefe do Departamento de Mídia Gráfica, Embalagem e Eletrônica, estavam entre aqueles convidados para um jantar na casa de Lee. Esta era uma oportunidade rara, isso porque Lee é um eremita virtual que raramente visita os locais na sua própria empresa. Lee tinha em mente um Laboratório de Design Inovador, eventualmente conhecido como ids, o qual seria montado em um prédio de oito andares e USD$10 milhões em Seul. Ele pediu a Bruce que servisse como chairman de design do produto, e Miho como chairman de mídia nova.

O caminho voltado para o design que eles haviam descoberto teve de passar por muitos altos e baixos, mas o espírito inovador futurista, em enxergar as necessidades dos eletrônicos para consumo, gerou um leque de TVs de alta definição, monitores para computadores, telefones celulares digitais, câmeras de vídeo, sistemas para tocar músicas e câmeras. Nesse meio tempo, a Sony, antes considerada a empresa que todos buscavam para produtos eletrônicos, havia canalizado muito de seu dinheiro nas indústrias de música e filmes. Seus executivos nos Estados Unidos tornaram-se tão paranóicos na questão da pirataria que estavam reticentes sobre a aprovação produtos que possivelmente poderiam ser usados para duplicar arquivos digitais de mídia. A Samsung surgiu no vácuo, mas não sem aquele buraco adicional na estrada que acompanha a tomada de riscos.

Em um artigo na revista *Wired*[7], Frank Rose descreve uma visita rara feita por Lee a uma das maiores fábricas da Samsung em Gumi, uma cidade industrial no centro-sul da Coréia. Em 1995, Lee havia enviado os novos telefones sem fio da Samsung como presente de ano novo, apenas para descobrir que eles não funcionavam. Algo estava prestes a atingir o ventilador, e ninguém confundiria seu aroma com Chanel Número 5. Como disse Rose: "Sob o comando de Lee, os 2.000 funcionários da fábrica, usando na cabeça faixas escrito 'Qualidade Em Primeiro Lugar', se reuniram em um pátio. Lá, eles encontraram todo o estoque da empresa empilhado – telefones celulares, máquinas de fax, aproximadamente R$ 50 milhões em equipamentos. Uma faixa na frente deles dizia 'Qualidade é Meu Orgulho'. Lee e seus diretores sentaram-se abaixo da faixa. Dez operários levavam os produtos, um por um, e os destruíam com martelos, em seguida jogando-os no fogo. Antes que tudo acabasse, os funcionários estavam chorando".

Na Samsung, os engenheiros haviam previamente definido os novos produtos, e decidido quais características dar a eles; agora, especialistas em todas as áreas, de design industrial às ciências cognitivas, abraçariam esse papel.

Na sua mensagem de ano novo, Lee declarou 1996 como o Ano de Revolução do Design, referindo-se ao design no seu sentido mais amplo – não apenas estilo, mas também pesquisa de mercado e marketing. Os engenheiros haviam previamente definido novos produtos, e decidiram quais características dar a eles; agora, especialistas em todas as áreas, de design industrial às ciências cognitivas, abraçariam esse papel. "A maioria de nós não entendeu sobre o que ele estava falando", disse Kook-Hyun Chung, o vice-presidente sênior que chefia o Centro de Design

Corporativo em Seul. "Agora entendemos que temos uma responsabilidade maior, mais ampla".

Porém, outro obstáculo surgiu no caminho à frente. Parte dos pontos fortes da Samsung era sua planta industrial verticalmente integrada e globalmente ligada, o que permitia economizar milhões de dólares ao fazer seus próprios chips de memória e telas em LCD. Por volta de 1997, o mercado para chips de memória teve uma queda súbita. Ao mesmo tempo, a moeda coreana, o Won, baixou (juntamente com todas as moedas supervalorizadas do Leste Asiático) para metade de seu valor, empurrando a Samsung em direção à bancarrota. Em resposta, a Samsung teve de eliminar negócios e demitir 24.000 operários da fábrica – 30 por cento da sua força de trabalho – e transferir a maior parte de sua produção para outros locais como México, Brasil, Hungria, Eslováquia, China e Malásia. Em 2000, a empresa tomou outro baque quando tentou entrar no negócio de automóveis.

O modo como uma empresa voltada para o design lida com seus contratempos, assim como com os sucessos, é transparente. Ao se manter ligada no design e ao usar a pesquisa de mercado como uma janela para necessidades e possibilidades emergentes, a Samsung foi rápida em passar do analógico para o digital. À medida que a economia coreana se recuperava, a empresa superou muitos de seus concorrentes com produtos como uma televisão em HD de 56 polegadas DLP – o sonho de consumo dos fãs do Super Bowl nos Estados Unidos. O que fez com que isso desse certo? Um olhar inovador para o mercado de consumo global do futuro, não do passado. Como descreve Rose: "A Samsung juntou um grupo de elite para a criação de novos negócios (CNB), para explorar as tendências sociais e tecnológicas de longo prazo que poderiam estimular novas linhas de produto".

A CNB é uma das armas secretas da Samsung: uma equipe de projetistas vindos de unidades comerciais diferentes e que enxergam o futuro. Ki-seol Koo, vice-presidente da organização, era um projetista de televisores que achava sua nova tarefa confusa. "Não havia uma programação", ele se recorda. "Apenas nos diziam para que inventássemos algo. Geralmente você tem de seguir um mapa – sabe o que vai acontecer daqui a alguns meses. Mas aqui não havia nada disso." Hoje, os 30 membros da unidade desenvolvem filmes animados sobre hipóteses e simulações em 3D para mostrar aos altos executivos como os produtos poderão ser usados no mundo futuro. "Não é sobre o que está acontecendo agora", diz Koo. "É sobre imaginar como será nossa vida daqui a 5 ou 10 anos."[8]

Interface Se Intromete no Meio dos Negócios Normais

Hoje em dia, só se fala em tornar-se "verde", mas uma das primeiras empresas a enxergar isso, a responder a isso, e realmente se beneficiar com o resultado final foi uma empresa chamada Interface. Com vendas líquidas anuais de mais de um bilhão de dólares, a Interface é a maior fabricante de revestimentos de pisos comercializados do mundo.

Se você alguma vez já precisou se desfazer do carpete velho transportando-o para um lixão, sabe que isso vem acompanhado de uma taxa enorme por causa do conteúdo não-biodegradável dos carpetes. A Interface estava gerando toneladas de lixo sólido, líquido e gasoso durante a produção, sem falar dos mais de 920 milhões de metros quadrados de carpete usado que são descartados nos lixões dos Estados Unidos anualmente. Ray C. Anderson, CEO, teve uma experiência esclarecedora em 1994, quando ele leu *The Ecology of Commerce* (Collins, 1994), escrito por Paul Hawken. Ele não ficou simplesmente abalado; ele decidiu que tinha que fazer algo sobre isso, e esse algo envolvia design.

Mudar a atitude de alguém, de uma empresa que, por mais de 20 anos, nunca pensou sobre seu impacto no meio ambiente, para uma empresa que fizesse um esforço consciente para consertar o que havia feito de errado, significava reinventar o negócio de fabricação de carpetes para tornar-se ambientalmente correta, e ficar a par de como fazer as mudanças positivas em seus produtos em todos os estágios do seu ciclo de vida.

O consultor de design da empresa, David Oakey, estava relutante em embarcar nessa nova visão. Após reunir um grupo de pessoas de toda a empresa para investigar a idéia, eles chegaram a algumas conclusões surpreendentes. A principal conclusão era de que a empresa projetava seus produtos de maneira pobre. Os membros da equipe estudaram meios para eliminar as sobras durante a fabricação dos produtos, como, por exemplo, usar menos fibra. Eles consideraram quais materiais poderiam ser reciclados e acabaram eliminando as sobras. Eles também colocaram no início de seus estudos um produto final que poderia ser reciclado. E isso, juntamente com outras etapas, felizmente ajudou a levar a duas das marcas mais inovadoras da empresa.

83   Ser Voltado para o Design

Com um dos produtos, chamado Wabi, Oakey pediu aos operários da fábrica que conseguissem fazer a pilha mais baixa. Após continuar insistindo que esta deveria ser mais baixa do que eles a apresentavam, um dos técnicos, em um desabafo de frustração, sugeriu que, já que ele queria a pilha tão baixa, por que não virar o carpete de cabeça para baixo? E deu certo. Os consumidores adoraram a aparência simples e mínima que se adequava à tendência crescente de pisos lisos, se afastando de tecidos. Descobertas ao acaso são uma parte real de como uma empresa voltada para o design encontra ouro.

Algo similar aconteceu com o Solenium, outro produto de sucesso da Interface. Em uma discussão sobre o sucesso do Wabi, alguém disse que era uma vergonha que a empresa não conseguisse fazer carpetes de garrafas PET recicladas, como era feito com Teratex, um de seus materiais para revestimento de paredes. Isso levou a uma pergunta animadora: "Por que não?". O resultado foi o Solenium, um carpete com aparência e impressão de tecido, a facilidade de limpeza do vinil e a facilidade de substituição dos quadrados. Muitos institutos educacionais e de saúde descobriram que ele é perfeito para suas necessidades.

Na Interface, a meta era fabricar de maneira sustentável. Essa meta forçou a empresa a ser mais criativa em repensar tudo que ela fazia, e isso a levou a fazer coisas melhores com custos mais baixos.

Como acabou sendo, o caminho para o pensamento diferente sobre a necessidade de cada consumidor foi também o caminho criativo para os quadrados de carpete, que se encaixam em espaços de qualquer tamanho, e eliminou muitas amostras de carpetes em favor de amostras em catálogos mais bem ilustrados e pela Internet (www.thesample-center.com). Fazer produtos cem por cento recicláveis e reciclados é uma etapa, mas a meta era produzir de maneira mais sustentável. Essa meta forçou a empresa a ser mais criativa e repensar tudo que ela fazia, e isso a levou a fazer coisas melhores com custos mais baixos. O "verde" almejado pela Interface também acabou sendo a cor do dinheiro.

Atingindo o Alvo com a Target

Yogi Berra (jogador de basebol) uma vez disse: "Quando chegar a uma bifurcação na estrada, siga-a". E foi exatamente isso que a rede de revendedores de massa, Target, fez. Fundada em 1962, mais ou menos na mesma época que a Kmart e o Walmart começaram, ela se definiu ao tomar uma direção diferente. Embora a Kmart e o Walmart sejam ambos voltados para o preço, a Target conscientemente almejou ser voltada para o design. Isso gera apenas $60 bilhões ao ano em comparação aos $350 bilhões do Walmart. E a Target pode ter apenas 352.000 funcionários em comparação aos quase dois milhões de funcionários do Walmart, o maior empregador do país (sendo que grande parte deste contingente está apenas gerando holerites e formulários para a declaração de impostos). Mas a Target está bastante confortável com esse nicho específico. Uma pesquisa Gallup sobre as tendências de revendedores de massa em 2002[9] indicou que apenas 16% dos consumidores entrevistados, com renda de USD$20.000 ou menos, escolhem a Target, mas esse número aumenta para 47% entre aqueles com renda anual de USD$75.000 ou mais. A idade média dos clientes da Target é de 37 anos, e 80% são formados no ensino superior;[10] 97% dos consumidores americanos reconhecem o logotipo da Target, um alvo.

A Target atraiu um segmento desejável de clientes ao vender produtos singulares, projetados por designers como Michael Graves.

A Target almejou os consumidores *yuppies* e seus animais de estimação, com designs divertidos, imprevisíveis e, ainda assim, acessíveis. Ela atrai esses clientes com produtos singulares, projetados por designers como Michael Graves, Isaac Mizrahi, Mossimo Gianulli, Fiorucci, Liz Lange e Philippe Starck. O trabalho de Graves, por exemplo, mexe com o emocional das pessoas com as torradeiras gordinhas, as chaleiras extravagantes, os castiçais finíssimos e os utensílios em forma de ovo. O formato de ovo faz parte de seu estilo próprio, e começou a aparecer nos móveis para jardim da Target, assim como nos timers para cozinha. A escala de produção desses produtos para aproximadamente mil lojas permite que a base de clientes da loja desfrute desses produtos ecléticos.

Os produtos são apenas parte do design. A Target também se distingüe com outros toques por toda a loja, que contribuem para a brincadeira da pronúncia do nome em Francês de "Tar-zhay" que muitos clientes usam. Esses diferenciadores são também parte do design geral da Target:

- Não há Muzak ou música ambiente

- Não há promoções através de um sistema de propaganda pública

- Os corredores são mais amplos

- O teto é rebaixado

- As mercadorias são artisticamente mostradas

- Os equipamentos são mais limpos

- Eles se referem aos clientes como "convidados"

- Não há venda de armas de fogo ou mesmo de armas de brinquedo

- Não são vendidos produtos de tabaco

Assim sendo, a Target pode ocupar a quinta colocação atrás do Walmart, The Home Depot, Kroger e Costco, mas ela permanece em primeiro lugar nos corações de muitos consumidores seletivos, e ela consegue isso através do design.

Alguns Exemplos Não Tão Positivos

Gostaríamos de enfatizar que mesmo algumas empresas que enveredam pelo caminho do design podem ter cromossomos ruins em seu DNA, que podem se multiplicar até ocorrer uma falha potencialmente fatal. O risco quase sempre tem a ver com a perda da magia que tinham e em se afastar da abordagem viva que garantia frescor e visão contínuos. Talvez elas tenham desenvolvido uma megalomania induzida pelo sucesso, acabaram escorregando em uma mentalidade rígida, não entenderam como elas chegaram onde estão, ou não se comprometeram totalmente em ser uma empresa voltada para o design.

A Starbucks Escorrega no Café

Apenas alguns anos atrás, parecia que todos idolatravam Starbucks, uma empresa que parecia destinada a ter uma de suas lojas em cada esquina, em todas as cidades. Inicialmente, a história de sucesso era sobre a experiência do consumidor. Repentinamente, veio a notícia de que a Starbucks estava retraindo seus planos de expansão. O que aconteceu? Após crescer para quase 15.000 lojas, o primeiro trimestre de 2008 marcou uma queda de três por cento em transações nos Estados Unidos. Esse número não deveria ter aumentado?

A USD$4 a xícara de café, você não está simplesmente comprando uma xícara de café. Está pagando por uma experiência. Mas aqui vemos a falha acontecendo. Porque existe Starbucks em todos os lugares que você vai, a experiência já não é mais singular.

Vejamos – a $4 a xícara de café, você não está simplesmente comprando uma xícara de café. Está pagando por uma experiência singular, uma viagem para Milão para sentar-se em um café ao ar livre. Você está pagando por um café cuidadosamente selecionado que é manuseado e coado da melhor maneira. O ar fica contagiado pelo aroma de café que acabou de ser coado. Como diria Hemingway, você está em um lugar limpo e bem iluminado. É um local social onde você pode se reunir com outras pessoas. E você obtém algo que não consegue obter em outros locais.

Mas aqui vemos a falha acontecendo. Porque existe Starbucks em todos os lugares que você vai, a experiência já não é mais singular. Além disso, a experiência está sujeita à comercialização. Veja, por exemplo, a rede McDonald's, que adicionou "cafés" às suas lojas. E agora podemos comprar Café Select nas lojas de conveniência 7-Eleven. Encontramos café Starbucks até mesmo nos pontos de venda. A bebida da moda nos anos 90 ameaçava tornar-se a bebida enfadonha do novo milênio, e os números de vendas são uma mostra do escorregão. Também mencionamos que a capitalização de mercado da Starbucks despencou?

O que aconteceu com o ambiente e estilo que levou o diretor de serviços criativos da Starbucks a ser conhecido como "o guardião do estilo"? Myra Gose, que ocupou este cargo até 1997, quando acabou saindo após planejar a festa de aniversário da rede por 18 meses, disse: "Todo nosso design, seja de alimentos embalados ou uma nova caneca, precisa fazer sentido e comunicar o que é a empresa". Então, o que aconteceu?

Primeiramente, as magníficas máquinas de café expresso La Marzocco foram substituídas por máquinas super-automáticas comuns. Para o recém contratado-atendente, elas são fáceis de usar (até mesmo o Homer Simpson, em um dia ruim, conseguiria usar uma dessas máquinas), mas está muito longe de ser aquela viagem para Milão. Em face ao aumento da concorrência e à diluição da singularidade da experiência, não era hora para ficar procurando atalhos. A experiência foi diminuída ainda mais pelo número de outros contratos de comercialização (negociações com empresas de música, sanduíches, e assim por diante) que juntos diminuíam o foco original de fornecer uma experiência singular.

O que a empresa poderia fazer? Talvez, seguindo o exemplo da Apple, em janeiro de 1994 a empresa trouxe de volta Howard Schultz, que havia fundado a Starbucks em 1987.[11] Ele publicamente declarou sua intenção de "reacender a ligação emocional entre o consumidor e o café".[12] Com as ações sendo vendidas a aproximadamente metade do que foram vendidas no ano anterior, Schultz planejou algumas medidas drásticas. Ele colocou à venda aproximadamente 100 lojas que não estavam tendo um bom desempenho e gradualmente eliminou os sanduíches requentados do café da manhã, porque "o aroma dos sanduíches requentados interfere com o aroma do café em nossas lojas". A Starbucks começou a testar no mercado uma xícara de café de 200 ml a USD$1 (vejamos, um Starbucks por um dólar – isso sim é um conceito).

A empresa também anunciou a demissão de 600 funcionários e o fechamento temporário de suas 7.100 lojas nos Estados Unidos por três horas para treinamento dos funcionários. A rede de cafés disse que o programa de treinamento na loja promoveria entusiasmo em seus 135.000 funcionários nos Estados Unidos e melhoraria a qualidade das bebidas feitas pelos atendentes da Starbucks. "Acreditamos que esta seja uma demonstração clara do nosso compromisso com nosso foco central e a reafirmação da nossa liderança em cafés", disse Schultz em uma declaração.[13] Ainda não estamos totalmente empolgados.

É muito pouco e muito tarde? Depende de a Starbucks conseguir se reinventar. A Apple conseguiu essa façanha com o retorno de Jobs. A Starbucks busca fazer o mesmo com o retorno de Schultz.

Polaroid Perde o Foco

Sim, o som que você ouviu era da Polaroid, uma empresa que antigamente era consciente sobre o design e orgulhosa, enquanto rodopiava e deixava escapar um suspiro na descida pelo vaso sanitário.

A história da Polaroid começa com um projetista, Edwin Land, que largou a Harvard depois de um ano e inventou o filme polarizador bem a tempo de este ser usado na Segunda Guerra Mundial para reconhecimento por foto. Entre os anos de 1950 a 1970, a Polaroid ganhou a maior parte de seu dinheiro com câmeras fotográficas que começaram a fotografar em cores em 1972 – a lendária SX-70. Idéias continuaram proliferando na empresa, incluindo as câmeras especiais usadas para passaportes e crachás de segurança, óculos de sol da Polaroid, óculos para filmes em 3D e o não tão bem-sucedido Polavision, que fracassou em 1978.

A Polaroid deveria ter transformado o instantâneo e a simplicidade de um toque em digital. Em vez disso, ela desperdiçou bilhões de dólares do valor junto aos consumidores que havia criado.

Por volta dos anos 90, a Polaroid continuava tentando ser voltada para o design, mas não estava entendendo o que estava se passando no mundo ao seu redor. Os laboratórios fotográficos com serviço de uma hora, repentinamente onipresentes, ameaçaram o conceito de fotos instantâneas; em seguida, a chegada da câmera digital cravou uma estaca em seu peito. A empresa tinha uma dívida igual a 42 por cento de seu capital em 1995, quando Gary Di Camillo juntou-se à empresa como CEO; cinco anos depois, essa quantia havia crescido para 60 por cento. Marketing e administração consumiam 37 por cento da receita de vendas. A Polaroid estava na lista de navios que logo afundariam.

Como disse Wally Bock: "Por volta do final dos anos 90, a Polaroid estava se debatendo como um nadador se afogando. Primeiro, eles haviam se concentrado no lançamento de novos produtos. Em 1998, eles introduziram 25 produtos novos. Números similares seguiram em 1999 e 2000. Havia muitos produtos, mas muitos não eram bons e os bons chegaram tarde ao mercado".[14] Não foi antes de 2000 que Di Camillo decidiu que a Polaroid deveria se tornar uma "empresa de imagem digital", muito tempo depois de seus concorrentes já estarem envolvidos nesse mercado. A Polaroid deveria ter transformado o instantâneo e a simplicidade de um toque em digital. Em vez disso, ela desperdiçou bilhões de dólares do valor junto aos consumidores que havia criado.

Mais uma vez, vemos uma ironia aqui: a empresa que havia inventado a fotografia instantânea foi jogada para a irrelevância pela invenção da fotografia *digital* instantânea. O fracasso da Polaroid em entender a essência da experiência de seus consumidores e a sensação emocional de *fotos instantâneas* foi uma falha fatal. Ela construiu uma empresa de tecnologia no encantamento dos consumidores e deixou de observar as mudanças nas necessidades e interesses dos mesmos. Como dizem, se você não consegue ser um exemplo brilhante, terá de ser apenas um aviso lamentável. Considere-se avisado.

Implementação

Assim sendo, você pode começar com um produto, contratar um consultor e fazer uma reorganização interna, mas o compromisso total desde o topo deve, eventualmente, ser a ordem do dia se quiser se tornar realmente voltado para o design. Digamos que você tenha contratado um consultor para trabalhar com você em um produto. Você deixa que esse consultor trabalhe com sua

Ser voltado para o design é um processo, não um evento. A menos que você esteja disposto a fazer algumas mudanças fundamentais, voltará a fazer as coisas como as fazia antes.

equipe e lhe dá seu apoio total. Juntos vocês conseguirão levantar esse produto, embora, ao longo do caminho, você sofra algumas escoriações. Mas se quiser fazer isso no longo prazo, precisa começar a enxergar a estrutura geral das coisas – como os recursos são alocados, como as pessoas recebem incentivos, qual é a cultura e como você opera da perspectiva da experiência do consumidor. Aprenda sobre o que você pode mudar, porque é assim que alcançará a longevidade.

É por isso que ser voltado para o design é um processo, não um evento. *Você consegue fazer um evento uma vez, mas a menos que possa fazer algumas mudanças fundamentais, voltará a fazer as coisas do jeito que fazia antes.* Para usar a Dell como exemplo, um dos gerentes gerais nos pediu para que olhássemos a experiência geral de design dos produtos da empresa, do conceito de entrega e além, e avaliássemos o fluxo para ver como melhorar tudo. O pedido revelou um emaranhado. Quando examinamos todas as organizações que impactavam o que vinha na caixa para o consumidor, descobrimos que elas não se comunicam entre si. Elas não tinham uma estratégia ou visão compartilhada. Os recursos eram alocados através dos departamentos de desenho industrial, engenharia, produção, embalagem e produtos instrutivos de maneira inconsistente com a construção de capacidades voltadas para o design que temos discutido. Ninguém tinha um critério de desempenho ao redor do design. Ninguém recebia um bônus por criar um design realmente ótimo e projetar uma experiência ótima ao consumidor. Todos recebiam um bônus se o produto fosse entregue na hora, se os custos fossem reduzidos ou se eles cumprissem com outros critérios similares.

Dissemos ao gerente que poderíamos fazer a parte estratégica e poderíamos lhe proporcionar uma abordagem e um conjunto de valores comuns para todos usarem quando criam materiais. Mas para fazer qualquer mudança significante, a empresa precisava se reestruturar. Ela precisava alocar recursos e mudar os incentivos das pessoas. Naquela época, a empresa não estava disposta a fazer isso porque era muito difícil. Sua abordagem foi mais como: "Tudo bem, pagaremos o que lhe devemos, vocês escreverão um documento que será distribuído a todos e voltaremos a fazer as coisas como sempre fizemos". Para ser uma empresa verdadeiramente voltada para o design, você precisa estar disposto a reformular o modo como as coisas são feitas. Sim, mais uma vez, a Dell tem lançado, ultimamente, alguns produtos bem bonitos. Nosso desejo é que a empresa torne-se mestre na gestão da rede de fornecimento da experiência do consumidor, isso porque seu domínio na gestão da rede de fornecimento de produtos não irá sustentá-la.

Quando estiver começando uma estratégia de design para sua empresa, pense nela como a arquitetura de um prédio. Em vista disso, diríamos: "A primeira coisa sobre uma marca ou linha de produtos é que você tem um legado. E você não pode rapidamente se divorciar de um legado. Ele está lá – você precisa reconhecê-lo". Muitas empresas erram aqui. Elas dizem: "Somos conhecidos pela experiência ruim de design, portanto amanhã isso mudará; estamos lançando um novo produto". E seu cliente olhará para ele e dirá: "Ei, isso é legal da parte da empresa X, mas eu ainda me lembro de todas as porcarias que eles lançaram. Eles nunca conseguirão manter esse produto".

Nossa recomendação é que você examine essa situação como duas camadas. Na camada mais baixa, está o legado. Você quer abraçar seu legado positivo. Você quer levar para o futuro as coisas pelas quais você é conhecido – como as pessoas se sentem sobre você, os bons aspectos. Quando a Microsoft nos pediu para que examinássemos o Windows, chegamos a três palavras: *qualificado, mediano* e *confiável.* Por qualificado, queremos dizer que ele é padrão. As pessoas conhecem-no – é Microsoft. É uma entidade que obviamente está aqui e continuará aqui. O produto é mediano no sentido da produtividade e profissionalismo. E é confiável – não no sentido que ele não apresenta problemas, mas que a maioria das pessoas não se preocupa que a Microsoft desaparecerá amanhã. Aí você se pergunta: "Como uso isso como base? Como podemos mudar a idéia e a experiência para sermos diferentes?".

Como Você Sabe Como Seus Clientes Se Sentem?

O que você realmente quer é sair e entender o que as pessoas estão fazendo, como elas estão fazendo, o que está acontecendo em suas vidas, quais são suas questões e quais problemas elas enfrentam. Você deve saber o que exatamente uma frase como "simplesmente funciona" significa para elas. Você precisa não apenas ver e ouvir esse conceito, mas também entendê-lo em um nível que o ajude a buscar oportunidades. Você precisa sair do seu mundinho e se isolar até sentir que fez uma descoberta genuína e usável. Em seguida, com essa descoberta, você elabora um mapa de idéias, opiniões e suposições, e então começa a construir. Mais tarde, é preciso voltar e validar sua obra contra essas suposições.

Desse processo de descoberta, você deve aprender que esta sua idéia é algo de que as pessoas precisam; é assim que elas fazem as coisas agora; e é assim que elas querem fazê-las. Você, então, projeta de acordo com essas especificações. Em seguida, coloca o que projetou em frente das pessoas que revelaram a necessidade que você descobriu e diz: "Tudo bem, use-o", e espera para ver o que acontece. Você percebe que uma pessoa não encontra a chave de liga-desliga, outra não consegue abrir a tampa facilmente e outra não consegue ler a tela. Você está validando suas suposições, aprendendo se você acertou o alvo ou errou.

Se, por outro lado, você começar dizendo: "Tudo bem, vamos fazer este produto – vamos perguntar às pessoas o que elas gostam", você acaba tendo um resultado medíocre criado por projetar algo para um grupo. Quando as pessoas pensam como um grupo, elas acabam gostando de um tipo de produto apático, porque é o que faz com que a maioria delas se sinta confortável.

Se for desenvolver um novo produto e, mais adiante, novamente mostrar o produto às pessoas, o grupo poderá dizer: "Sim, sim, eu gosto deste". Assim sendo, você o coloca no mercado e, pasmem, tudo lá fora mudou e seguiu em frente, e o que você tem agora é um produto enfadonho baseado na opinião coletiva de 7 pessoas que gostam dele de um grupo de 12. Referimo-nos a isso como "a síndrome de 7 de 12", na qual você baseia toda sua estratégia comercial no fato de que 7 pessoas de um grupo de 12 expressam um "gosto" em certa direção.

Gostamos de nos referir ao pensamento grupal como "a síndrome de 7 de 12", na qual você baseia toda sua estratégia comercial no fato de que 7 pessoas de um grupo de 12 expressam um "gosto" em certa direção.

Na Apple, alguém vindo da HP, da Sun ou de qualquer outra empresa teria, por um tempo, dificuldade em entender este conceito. Eles diriam: "Espere um pouco, vocês estão colocando tanto empenho nisso, mas não estão testando-o com os consumidores". Eles queriam aplicar todas as medidas voltadas para o processo corporativo. Mediocridade é o que você acaba tendo se tenta fazer algo de que todos gostem. A Apple não direcionou o iPod a ninguém. Pesquisas e testes podem ser uma espada de dois gumes mortal. Você precisa ser bastante claro sobre o que quer aprender e o que pode tirar disso.

O que acontece com muitas empresas quando elas fazem esse tipo de pesquisa é que acabam colocando o design na frente dos consumidores e dizem: "O que vocês acham?". E os consumidores respondem: "Bem, não sei; não sei se gosto deste; é novo; me assusta; é muito grande; é muito redondo; é muito quadrado". Esses são os tipos de respostas que você recebe. As pessoas que fazem esse tipo de pesquisa voltam e dizem aos projetistas: "As pessoas acham-no muito quadrado – precisamos fazê-lo mais redondo". A maioria dos consumidores tem dificuldade em articular suas preferências pelo design. É melhor assistir, ouvir e observar.

Fatores de Custo

Muitas pessoas e empresas gostam de colocar o carro na frente dos bois e falar primeiramente sobre o custo. Bem, se custo é tudo, você se verá sentado na sarjeta, com o chapéu na mão, enquanto outras empresas se arriscam e explodem ao seu redor. Entretanto, respeitando essas preocupações gerais, vamos falar um pouco sobre custos. Sim, é verdade que ser voltada para o design é inicialmente mais caro, porque você precisará investir tempo e dinheiro em fazer coisas que não fazia antes, as quais você precisa aprender a fazer bem. Inicialmente, o custo do produto pode ser maior, porque você encontrará processos e questões técnicas que ainda não eliminou ou considerou totalmente à medida que se encaminha para o futuro.

O negócio da Apple é que eles criarão algo que poderá inicialmente ser mais caro, mas a empresa percebe desde a primeira vez que está bem – eles descobrirão como orquestrar o custo disto. Isso é o que

Onde muitas empresas fracassam é que elas desistem na primeira vez porque não conseguem decifrar a idéia imediatamente.

é interessante sobre a experiência humana – se você colocar pessoas realmente boas para trabalhar uma idéia e der-lhes uma direção clara, eventualmente elas a decifrarão. Onde muitas empresas fracassam é que elas desistem na primeira vez porque não conseguem decifrá-la imediatamente.

Vá em frente e construa-o pela primeira vez do jeito que você quer. Faça-o da melhor maneira possível e, em seguida, libere seu exército de maníacos operacionais para descobrir como ganhar alguns centavos. Durante o percurso, permaneça ciente do que faz ou quebra o design e a experiência. Se você começar com muitas restrições – que este tem de ser um design ótimo, mas não pode custar 10¢ a mais do que custa atualmente, e temos que construí-lo em nossa fábrica existente – você acaba se saindo melhor no curto prazo, mas inevitavelmente pior no longo prazo.

O Fator Humano

Se você estiver recrutando talentos voltados para o design ou quiser enviar seus executivos atuais para uma escola que irá submergi-los no raciocínio da experiência do consumidor, a boa nova é que tal lugar realmente existe.

A D-School da Universidade de Stanford é esse local. Considere sua missão:

> *Acreditamos que inovações verdadeiras acontecem quando grupos multidisciplinares sólidos se reúnem, constroem uma cultura colaborativa e exploram a intersecção de seus pontos de vista diferentes. Muitos falam sobre a colaboração multidisciplinar, mas poucos são verdadeiramente bem-sucedidos ao sustentar tentativas para ver o que acontece. Mesmo parceiros sólidos muitas vezes perdem o interesse porque não conseguem se relacionar suficientemente bem ou o suficiente para colherem os frutos da colaboração. Acreditamos que ter designers envolvidos é a chave para o sucesso na colaboração multidisciplinar, além de ser fundamental para a descoberta de áreas inexploradas de inovação. Os projetistas*

proporcionam uma metodologia que todas as partes conseguem adotar e um ambiente de projeto condizente com a inovação. Em nossa experiência, o pensamento em design é a cola que mantém esses tipos de comunicações juntos e os tornam bem-sucedidos.[15]

Outras faculdades com programas ou cursos incluem o Instituto de Design (ID) do Instituto de Tecnologia de Illinois, o curso "Gestão do Processo de Inovação" da Harvard Business School, a disciplina "Desenvolvimento do Produto e Design" da Universidade Northwestern, a disciplina "Desenvolvimento de Novos Produtos e Serviços" da Universidade de Georgetown, um curso eletivo na Escola Comercial Stephen M. Ross da Universidade de Michigan, a matéria de "Desenvolvimento do Produto" para o MBA na Escola Comercial Tepper da Universidade Carnegie Mellon, a Escola Comercial Haas da Universidade da Califórnia em Berkeley, o programa para executivos da Escola Wharton ("Design, Inovação e Estratégia") da Universidade da Pensilvânia e o programa conjunto INSEAD com o Art Center College de Design em Pasadena.

Segundo um artigo na *Business Week*, "com a queda nas matrículas para MBA... as faculdades lutam para tornarem-se mais relevantes aos alunos potenciais".[16] A necessidade de um componente criativo, que entenda a experiência do consumidor, está aumentando. A *Business Week* diz que um indicativo disso é que "muitas empresas estão indo diretamente para as firmas de design para montar sessões customizadas de educação dos seus executivos. A maioria delas inclui fazer com que o CEO e seus altos gerentes comprem as coisas que suas empresas vendem. É o jogo 'seja o consumidor', o qual, apesar de sua simplicidade, pode ter um impacto enorme. A Samsung aprendeu muito sobre design ao participar de várias sessões na IDEO e em outras empresas de consultoria".

Se você examinar a estrutura das escolas comerciais da Ivy League (universidades de altíssimo nível acadêmico), verá que ela proporciona capitães da indústria que deveriam usar um aviso de *despreparado* a respeito de sua sensibilidade para o design.

O próximo capítulo explora como o conceito de ser voltado para o design precisa se estender para nossas marcas e descobrir como sua marca é muito mais do que simplesmente o logotipo de sua empresa.

5

Sua Marca Não É Seu Logotipo

Por que sua marca não é o que você diz que ela é – Como sua marca é uma experiência que vive no coração dos consumidores – O papel do design em marcas criadas para durar – Como comunicar o que é a sua marca.

Uma família de cinco pessoas, cansada de viajar, desce do Volvo Station Wagon, passa pelo salão de dança, que abrirá daqui a 3 horas, em direção ao correio/restaurante, que também funciona como loja de presentes e fica na rua principal de Luckenbach, uma metrópole composta de quatro prédios de madeira que não vêem tinta fresca há muitos anos. A mãe, o pai, as filhas gêmeas e o filho mais velho, Chip, estão quase na porta, ansiosos para ver o local onde Willie Nelson, Waylon Jennings, Gary P. Nunn e outras estrelas da música *Country* proclamaram como sendo "o" local para visitar quando estiver viajando pelo Texas.

De repente, eles escutam um barulho. O som profundo de 20 estranhos motores V-Twin vindo em sua direção. Elas surgem na esquina, cada uma delas com duas rodas, brilhando ao sol. O pai grita: "Pelas barbas de Netuno. São os Hell's Angels!". A mãe agarra seus filhos.

Da outra direção, surge metade dos motociclistas vindo do lado oeste da rua. A mãe e o pai tremem, e pelo menos dois dos filhos olham para o banheiro, desejando-o ardentemente. Então, algo surreal acontece.

Os motociclistas estacionam, um por um, em fila, com suas motos organizadas e brilhantes. Eles desligam os motores, descem das motos um por um, e cada um é cumprimentado pelo outro. Eles se abraçam, brincam entre si e comparam suas motos. O adesivo em cada moto proclama que esta é uma Harley-Davidson – o mesmo adesivo que adorna a maioria das jaquetas, bonés e camisetas. Muitos motociclistas exibem tatuagens da Harley-Davidson. Um dos grupos é de Tyler, outro de Brownsville e alguns deles são de Waco. Há muito para discutir e compartilhar. Esses motociclistas estão longe de ser uma gangue violenta de motociclistas; eles fazem parte de uma fraternidade das estradas. A família relaxa sabendo que estão tão seguros quanto se estivessem em uma reunião do Lions. Eles passam de amedrontados para emocionados e curiosos, como os motociclistas. O jovem Chip sente um frio no estômago que poderá levá-lo a comprar uma Harley no futuro.

Poucas marcas assumiram vida própria como a Harley. Desde os tempos de filmes como *Wild One* (*O Selvagem*) e *Easy Rider* (*Sem Destino*), a Harley passou a ser um ícone americano idolatrado, que significa o espírito de liberdade, de deixar o vento passar pelos seus cabelos (ou capacetes) na estrada aberta, ser livre e ter orgulho, e sentir que a estrada toca cada parte de você com seus sentidos completamente alertas. Agora compare essa experiência com a experiência de ficar sentado no sofá com um saco de batatas chips e uma bebida até que as almofadas do sofá assumam as curvas do seu corpo.

Poucas pessoas teriam previsto que a moto, antes conhecida como Harley "hog", a moto de *bad boys*, se tornaria o modelo de camaradagem espontânea para um grupo bastante divergente de indivíduos, que tem em comum a paixão por passear pelas auto-estradas e vicinais da América a bordo de duas rodas. Embora existam motos mais finas e mais rápidas, todos querem andar *nessa* moto. Você se lembra de Malcolm Forbes em sua moto Harley ao lado de Liz Taylor na moto que ele havia comprado para ela? Sim, a Harley-Davidson progrediu. Mas não se confunda. O logotipo clássico da Harley-Davidson *não* é a marca da empresa. Em vez disso, a marca está viva na mente de todos aqueles que entraram na cidade de Luckenbach; está também viva na mente daqueles que compram pijamas da Harley-Davidson para seus filhos; e está viva no desejo por todos os adesivos, até mesmo (especialmente) nas tatuagens. A marca Harley está viva na mente de seus consumidores.

Ninguém sabe que além de ser William G. Davidson, vice-presidente de estilo da Harley e neto de William Davidson, um dos fundadores, Willie G, como é conhecido, supervisiona o design de cada modelo da Harley. O clássico motor V-Twin é um dos aspectos singulares que ele mais preza. Mas a moto não permaneceu, de modo algum, a mesma. Todos os anos a empresa se movimenta para incorporar melhorias, porém sem alterar o estilo clássico e o *feeling* da moto. Muitas das mudanças vieram diretamente do *feedback* dos consumidores, e a política de "se manter próximo aos consumidores" vem facilmente porque, como diz Willie G: "Todas as pessoas na Harley são motociclistas".

O logotipo da Harley-Davidson não é a marca da empresa. Em vez disso, a marca está viva nos corações e mentes de todos aqueles que andam em suas máquinas.

Cada detalhe das lojas da Harley e de suas mercadorias reflete a qualidade artesanal, e personifica o estilo de vida dos motociclistas da Harley. Sim, talvez existam motos mais rápidas e mais silenciosas, mas, embora a concorrência venda um produto, a Harley está ciente de que ela vende um estilo de vida. Com receitas de mais de $1 bilhão, a empresa gasta um pouco mais do que $2 milhões ao ano em publicidade. Ela também encoraja eventos como o passeio anual da Harley Toys for Tots (Brinquedos para as Crianças) por Martha's Vineyard e outros locais.

A evolução da Harley era um plano consciente desde o inicio? Provavelmente não. Mas eles certamente estão cientes de onde sua marca vive hoje, e acalentam-na com tudo que eles têm. Sim, eles sabem onde sua marca mora e este não seria o escritório central da Harley; eles sabem que ela mora nos motociclistas quando estes dirigem pela estrada afora. Sua meta é manter tudo novo e atualizado com a inovação tecnológica, e ainda assim manter-se tradicional em estilo e *feeling*.

A Natureza Viva de Uma Marca

Várias marcas assumiram vida própria, como uma receita de massa podre – borbulhante e viva. Os gerentes das marcas aprenderam a viver com elas, a se ajustar a elas e a seguir seu fluxo, a fazer o melhor possível delas, ou então tropeçaram e as marcas tornaram-se debilitadas ou desapareceram. Quando os alunos da Ivy League decidiram que seria "moda" usar botas com solado de borracha e jaquetas rústicas de empresas de materiais esportivos como L. L. Bean e Abercrombie & Fitch, não demorou muito para eles verem a luz no fim do túnel e trocar as vendas vacilantes de "moscas" para pesca de trutas e sapatos para neve pelo apoio de mercado do grupo consumidor com a renda mais disponível que queria entrar para "o clube".

O que vai se tornar extremamente importante para sua empresa é o papel daquele que foi rotulado como o gerente da marca. É basicamente a pessoa que detém a chave da qualidade da experiência do consumidor, do que as pessoas vêem e sentem, e com as quais interagem. Um tema recorrente neste livro é que você precisa projetar seu processo e infra-estrutura ao redor daquilo que o seu usuário final vê, sente e experimenta, e depois certificar-se de que seu sistema suporta tudo isso. Fica mais e mais complicado quando o produto é desenvolvido e seu design é feito em São Francisco, a engenharia acontece em Taipei, a produção é realizada por outra empresa na China, há ainda outra empresa que fornece a embalagem, e outras pessoas que cuidam da logística e assim por diante.

Um novo conjunto de habilidades precisa ser desenvolvido para os "gerentes da marca", em que eles realmente sejam encarregados da manutenção e desenvolvimento da experiência geral dos consumidores.

Nesse papel expandido, um novo conjunto de habilidades precisa ser desenvolvido, onde um indivíduo ou indivíduos realmente sejam encarregados da manutenção, proteção e desenvolvimento dessa experiência, e sempre se lembrando que seu consumidor não se importa com sua rede de fornecimento, não se importa quão sofisticado ou quão influente você é. Os consumidores se importam com o que eles querem. E o que eles querem é a experiência ótima de se sentirem mais vivos. Se o uso de um moleton com capuz da Abercrombie & Fitch, o qual custa três vezes mais do que aquele que eles encontram no Walmart, faz com que se sintam como se pertencessem mais ao grupo de colegas, então que seja. O coração falou!

Sua Marca Se Comunica

Marcas e marcas registradas são realmente, na maioria das vezes, termos usados demais e totalmente mal entendidos por muitas pessoas. Quando você diz marca, muitas pessoas logo pensam em logotipo, pensam sobre seu comercial, sobre como seria sua identidade corporativa, e como seria sua embalagem e presença no varejo. Pior ainda, alguns se envolvem no que os concorrentes estão dizendo e como os produtos ou serviços deles se encaixam quando comparados com esta marca. Quando começamos a trabalhar com a MasterCard, há mais de uma década, eles estavam obcecados com o que a Visa pretendia fazer. Se você entrar nessa mentalidade, imediatamente começará a fazer as coisas focando apenas externamente, em vez de ouvir o diálogo entre o produto e o consumidor. A MasterCard começou um novo diálogo sobre o negócio em que eles estavam. O comentário de que embora você não consiga comprar felicidade com o MasterCard, você pode usá-lo para quase tudo. Isso levou à campanha "Não Tem Preço". A MasterCard reposicionou sua marca como sendo o portal para experiências que "não têm preço". O resto, como dizem, é história.

Comece com diálogo (em grego significa *fluxo do significado*). Escute e veja se consegue ouvir a promessa que a Apple fez aos consumidores porque, acredite, este é o começo da jornada para uma marca de sucesso estabelecida. Começa com uma promessa que tem significado para o consumidor. E esta é uma promessa que deve ser mantida.

Quando você vê as fotos de um iPhone, estas começam a lhe dar informações. Quando lê sobre ele, recebe mais informações. Quando o vê e o toca, acrescenta mais informações àquelas existentes. Se comprá-lo e experimentar seu funcionamento, acrescentou ainda mais – ao que já conseguiu reunir; você acrescentou a experiência emocional, em nível pessoal, à mistura. Com tudo isso, você elaborou uma idéia do que é o iPhone e o que ele poderá significar para você. Antes mesmo de comprá-lo, você tinha certo contexto de expectativas. Você qualificou o produto

Quando sua marca se comunica bem, você cria um contexto de expectativas. O produto é emocionalmente pré-qualificado antes que a compra seja feita.

emocionalmente mesmo antes de comprá-lo. Agora que o comprou, depende da marca manter a promessa.

Essa promessa começa quando você escuta a palavra *Apple* pela primeira vez, ou vê o logotipo e pensa: "Nossa, o Mac é fácil de usar. Todos reconhecem isso, até mesmo os donos de PCs. Eu tive boas experiências com meu iPod. E daquela vez que eu tive que devolver um produto da Apple, tive uma boa experiência. Acho que vou dar uma chance ao iPhone. Mas não me desaponte". Assim, eles – o produto e o consumidor – já estão se comunicando e parecem estar se dando bem. Parece que agora depende da Apple manter a promessa, ou traí-la. Segundo Jobs, o diálogo na Apple foi mais ou menos assim: "Todos nós tínhamos telefones celulares. Odiávamos nossos aparelhos; eles eram difíceis de usar. O software era horrível. O hardware não era muito bom. Conversávamos com nossos amigos e todos eles também odiavam seus telefones celulares. Este é um ótimo desafio. Vamos fazer um telefone ótimo pelo qual nos apaixonaremos".

O logotipo e a publicidade foram parte do que levou à decisão de compra, mas é a experiência de design deste e de produtos passados que faz ou mata uma venda.

O logotipo da Apple, com o passar dos anos, evoluiu de um tipo de engenhoca de Newton sentado embaixo de uma árvore, à icônica maçã mordida com as cores do arco-íris, e a uma versão metálica mais recente e arrasadora. A evolução reflete que o design tem sido uma parte consistente da interação da Apple com sua base de consumidores (e aquela maçã com cores do arco-íris não sugere que Steven Jobs um dia teve uma camiseta tingida com tie-dye antes de voltar ao preto básico?). Porém, não importanto quão estiloso o logotipo tenha se tornado, ele não é a marca em um sentido mais amplo – é um símbolo icônico de uma promessa experimental que flui da natureza voltada para o design da Apple.

Tudo o que você sabia sobre a Apple no passado chega a ser um entendimento Gestalt, onde o total era mais do que a soma das partes. A Apple influenciou sua experiência passada a ponto de você confiar em seus produtos, ou de você acreditar que eles foram projetados para uma experiência que você espera que seja positiva. Nesse sentido, quando um novo produto é anunciado, ele já está à frente de todos no espaço. Alguns meses após o lançamento, o iPhone tornou-se número 2 no espaço de smartphones, bem à frente de todas as marcas bem estabelecidas, com exceção do BlackBerry. Essa habilidade em produzir um diálogo e avançar o entendimento vem com tempo e consistência, ao mesmo tempo sendo estratégico sobre o uso do design. Esse entendimento Gestalt é um ativo financeiro. É isso que algumas empresas não entendem; esta idéia. Por quê? Porque, mais uma vez, ela não é compatível com o Excel. Ela é, até certo ponto, abstrata; certamente emocional. É sobre a experiência humana. É sobre as coisas que você precisa fazer que não podem ser medidas. Você precisa acreditar que esta é, de fato, importante, e precisa confiar nos seus instintos. Todas essas coisas entram no compromisso de projetar uma cultura voltada para o design.

O que geralmente acontece é a necessidade do gerente em justificar uma proposta para o vice-presidente, e o vice-presidente precisa justificá-la para o presidente, e o presidente precisa justificá-la para a diretoria. A menos que todos estejam confortáveis e acreditem que possam legitimar uma experiência emocional positiva dos consumidores, eles são relutantes. É um esforço apresentar-se perante a diretoria e dizer: "Esse negócio emocional é realmente importante e temos de gastar algumas centenas de milhões de dólares nisso". Se todos, acima e abaixo da linha, não acreditarem realmente e entenderem, é algo desafiador para fazer.

Existem cenários onde as pessoas têm algum sucesso, e elas são suficientemente espertas para perceber como o design foi o componente bem-sucedido e começam a se basear nele. E existem muitas pessoas que parecem não entender a idéia de que é preciso investir em ser uma empresa voltada para o design, mais do que algo que

A grande maioria das empresas que desenvolvem produtos vê design como uma etapa do processo, não como o fator principal.

acontece apenas uma vez. A grande maioria das empresas que desenvolvem produtos vê design como uma etapa do processo. Você traça a programação de desenvolvimento do produto. Passa pelas etapas para identificar uma oportunidade. Pesquisa a oportunidade, desenvolve idéias, planeja, produz, distribui e promove. O design meio que acontece em algum ponto no desenvolvimento de idéias, e ele poderá acontecer no espaço promocional de publicidade e embalagem e coisas assim. Design, nesses contextos, é um evento simples ou uma série de eventos discretos em um processo discreto, os quais não estão integrados à alma da empresa. Quando você passa de uma experiência integrada de design que permeia todos os aspectos dos fluxos de desenvolvimento, produção, entrega e acompanhamento de sua empresa, acaba tendo uma marca mais forte.

O que importa sobre uma marca é a intuição de um indivíduo. Quando vários indivíduos têm a mesma intuição, você tem uma marca.

É por isso que a marca não envolve somente os aspectos externos, e não é a extravagância de o que seu concorrente está planejando. Ela vive como um sentimento individual na intuição de seu consumidor, isso porque todos nós temos nossas próprias versões sobre sua marca – sua marca vive em nossas mentes. Todos tomam suas próprias decisões sobre o que é a marca de uma empresa, o que isso significa e o que eles sentem sobre ela. É assim que é porque é assim que somos, é assim que as pessoas operam. O que importa é a intuição individual. Quando vários indivíduos têm a mesma intuição, você tem uma marca. Não é o que *você* diz que ela é; é o que *eles* dizem que ela é.

Oops! Ficou Perdido Por Alguns Segundos

A marca consistentemente chamada de marca número um, nacional e internacionalmente, é a Coca-Cola. Então como foi que a empresa, em 1985, perdeu sua posição ao introduzir a New Coke, uma medida que ameaçou prejudicar a marca. A percepção de que a marca estava perdendo terreno para a Pepsi – no final da Segunda Guerra Mundial, a Coca tinha 60 por cento do mercado e, em 1983, chegou a 23 por cento

– levou ao "Projeto Kansas", uma pesquisa de mercado que indicava que uma Coca mais doce era apreciada no tipo de teste de sabor que a Pepsi apresentava em seus comerciais. Era uma lua-de-mel destinada a acabar em briga e, três meses depois, a Coca original estava de volta como Classic Coke, para eventualmente tornar-se apenas Coca-Cola novamente, à medida que a Nova Coke desaparecia no horizonte. Esta é uma história antiga. Mas o fato de ela estar relacionada a se manter fiel ao seu próprio foco em design e ignorar os aspectos externos é, bem, um clássico.

Sua Marca É Sobre Valor

Uma boa empresa, sensata em termos de design, está também ciente sobre valor. Valor nem sempre se iguala com um produto ou serviço sendo o menos caro. É sobre o consumidor obter uma experiência satisfatória pelo preço pago, seja de uma xícara de café, um dispositivo eletrônico que seja funcional ou divertido, ou um serviço que é sempre seguro.

Um dos desafios é descobrir o que as pessoas realmente valorizam e pelo que elas tentam pagar. É aí que a Apple presta atenção. Tipicamente, eles estão um pouco acima da indústria em termos de preço. Mas isso não é um problema, porque as pessoas vêem valor; elas estão recebendo um produto de qualidade mais alta; estão recebendo uma experiência melhor; estão recebendo a marca da Apple e as associações que vêm com essa marca em troca de uma pequena quantia financeira extra.

Lembra-se de quando você estava na loja da Apple, no Capítulo 2, "Você é Importante?" – quando na saída você acaba comprando um carregador para seu iPod por $29,95 e, mesmo sabendo que consegue comprar um DVD player por menos na Best Buy, parece que isso não te perturba? Assim, você o coloca em seu carrinho e ainda se sente bem, mesmo que tenha pago um pouco mais do que o preço atual para carregadores. Ou talvez você tenha visto um no eBay, onde esteve pesquisando o preço atual de um MacBook Pro usado em comparação a um Dell ou um HP equivalente. Você vê que um MacBook Pro tem um preço significativamente mais alto. Aí você se lembra do software divertido, grátis e que não é da Microsoft, que acompanha todos os Macs e pensa: "Bem, o Mac realmente funciona, e quando colocamos tudo na ponta do lápis, ele pode até custar menos".

Aqui damos outra olhada no valor econômico de projetar uma experiência com a marca. Embora seja algo realmente difícil de definir e igualar em termos absolutos, os cenários descritos salientam como a marca de uma empresa é seu ativo mais valioso.

Por contraste, considere novamente uma empresa como a Motorola, a qual tradicionalmente possui uma forte cultura voltada para a engenharia. Isso, em si, não é suficiente para proporcionar a experiência do consumidor, especialmente quando eles tentam, ao mesmo tempo, ser modernos. Não importa se eles acabarem proclamando, depois das características, benefícios e conversa tecnológica, de que: "Somos bastante modernos". Não importa o que eles digam se as pessoas não sentem isso. Você não pode dizer às pessoas o que sentir sobre sua marca. Elas chegarão às suas próprias conclusões, a despeito do que você diga ou faça. Pegue um produto como o Razr. Ele acabou sendo um grande fenômeno temporário em vez de ser uma tendência. Por quê? Porque mesmo que eles tenham comerciais que digam: "Hello, Moto", ainda assim é mais como: "Oh, não, lá está a Motorola, aquele símbolo bobinho. Isso é o que eles realmente são".

O que importa é o que as pessoas pensam e sentem sobre a sua marca. E você não tem controle sobre isso. Embora não consiga controlar o que as pessoas sentem, o que você precisa fazer é proporcionar influências, e ter certeza de que a maneira como você está fazendo isso autenticamente representa quem você é e o que você oferece.

Como Ser Realmente Moderno, Não Simplesmente Agir Como Se Fosse Moderno

Imagine assumir um dos maiores segmentos de mercado do mundo, em que o resultado dos concorrentes estabelecidos está na casa de bilhões de unidades. Seus concorrentes têm forte controle sobre os principais canais de distribuição e seus orçamentos publicitários são de milhões de dólares. Ainda assim, você faz isso sem nenhuma propaganda. Soa como uma mosca no quadril de um elefante, não é mesmo?

Com o slogan "Vá com o menor... crie algumas mudanças", Peter van Stolk, de Seattle, começou o que veio a ser a Jones Soda Company em 1987, embora ele nunca tenha feito faculdade ou estudado marketing. A primeira coisa que fez foi aprender as regras do mercado de refrigerantes engarrafados para poder ignorá-las.

Ele competia contra empresas grandes, arriscadas a perder o contato com a experiência de seus consumidores. Stolk foi diretamente aos consumidores e os convidou a colocar suas próprias fotos nos rótulos das bebidas. Inicialmente, a partir de um site na web que encorajava as pessoas a se envolver enviando suas fotos, em que algumas eram selecionadas para serem colocadas no produto. Com isso, a Jones Soda desenvolveu uma rede social ansiosa para trocar os rótulos nas salas de bate-papo da web e, em seguida, proporcionou uma oportunidade para aqueles que, ansiosamente, esperavam evitar o processo de seleção e colocar suas próprias fotos nos rótulos quando compravam mais de 12 garrafas de refrigerante.

É claro que a categoria de consumidores que esta abordagem tocou mais rapidamente foi aquela entre 12 e 24 anos de idade, o segmento com crescimento mais rápido, com mais de 50 milhões de consumidores potenciais. Para esse público alvo, sabores como Melão Espremido, Amoras Fufu, Maçã Verde, Refresco e Goma de Mascar, todos em cores neon brilhante, têm um enorme apelo. (Em um Dia de Ação de Graças, a empresa vendeu 6.000 garrafas do refrigerante com sabor de Peru com Molho.) Para satisfazer os fanáticos por comidas saudáveis, a empresa recentemente afastou-se do xarope de milho, migrando para o açúcar de cana-de-açúcar puro como adoçante. A principal fonte de comoção é feita através da interação da mídia social. Rápidos em responder aos interesses da subcultura de lendas urbanas como "o que acontece quando você coloca Mentos dentro de uma Diet Coke" (não tente fazer isso em casa), você pode ir até o YouTube e ver o vídeo "Jones Soda e a Experiência com Mentos". As fotos e vídeos da empresa enfatizam esportes como *skateboarding*, esportes radicais, doidos e estranhos.

Sem nem mesmo olhar para trás, para seus concorrentes, Stolk já está trazendo $40 milhões ao ano em receitas para sua empresa, e ele deve isso ao envolvimento dos consumidores. Os consumidores do refrigerante Jones sentem-se como se tivessem entrado para algum clube.

Como diz Stolk: "Quando você comercializa sem dinheiro, é preciso se manter fiel ao fato de que precisa fazer uma conexão emocional". Talvez você diga: "Bem – são apenas $40 milhões em receitas anuais", mas se você tivesse essa quantia, seria muito bom, não seria?

Sua Marca Deve Ser Tão Viva Quanto Uma Pessoa

Outro jeito de ver uma marca é que ela é como o caráter de um indivíduo. *Uma marca é realmente isso, a personificação do caráter de uma empresa.* Quando você pensa sobre o caráter das pessoas, descobre coisas sobre elas que o encoraja a gostar ou não delas. Quando vê uma pessoa pela primeira vez, você tira algumas conclusões com base no que ela veste, no estilo de seus cabelos e em seus modos. Muitas vezes você acerta e muitas vezes você erra. Mas então, à medida que obtém mais informações sobre sua ética e valores, e como ela trata os outros, começa a entender o caráter da pessoa. É assim que você realmente define como se sente sobre alguém. É a mesma coisa com uma empresa.

Você pode vestir as pessoas em roupas modernas, dar-lhes um corte de cabelo moderno e criar algumas idéias sobre elas: "Uau, talvez elas sejam realmente modernas e descoladas", mas, à medida que começa a conhecê-las melhor, percebe que: "Não, elas realmente são violações ambulantes da verdade sobre as leis de embalagem". Tudo isso é aparência. Você começa a se questionar sobre elas. É a mesma coisa com empresas. É mais ou menos assim: "O verdadeiro caráter poderia, por favor, se levantar?". E caráter é construído mais na ética, no comportamento, como as

> *Caráter é construído sobre ética, comportamento, como as pessoas tratam os outros e como elas tratam você, e é assim que você constrói uma idéia de quem elas são. É a mesma coisa com uma marca.*

pessoas tratam os outros e como elas tratam você, e é assim que você constrói uma idéia do caráter de cada uma delas. É a mesma coisa com uma marca. É exatamente isso que você precisa fazer; comunicar-se em nível de intuição e fazer com que as pessoas conheçam o caráter da sua empresa por meio das coisas autênticas que elas experimentam. Assim, voltamos para a experiência em geral, e é isso que é muito importante para uma marca.

O grande erro que muitas empresas fazem é pensar: "Bem, precisamos fazer com que nossa marca seja mais moderna. Portanto, vamos fazê-la mais moderna e diremos às pessoas que somos mais modernos, e elas terão de achar que somos mais modernos". Mas se isso não faz parte do seu caráter, é um erro. Uma empresa realmente precisa construir as qualidades de quem ela é – sua missão, sua visão e seus valores –, elas precisam ser autênticas. Assim sendo, se você for a Motorola, por exemplo, precisando ser mais moderna e mais descolada, e precisando comunicar isso às pessoas, você realmente tem de se tornar mais descolado e moderno. Não basta apenas criar alguns comerciais que façam isso; você realmente precisa começar a examinar o modo como opera, como toma decisões, as coisas que importam pra você, e começar a mudar essas coisas. Isso leva tempo, e é importante.

Sua marca vive no coração de seus consumidores. Você pode apenas influenciá-la.

Ser moderno é muito mais fácil se você for, de fato, moderno. Pegue, por exemplo, a nova marca de áudio Beats by Dr. Dre. Enquanto a indústria de gravadoras se redefine para se ajustar às idiossincrasias dos *downloads* digitais, empresas e artistas buscam novos meios de alavancar seu patrimônio no mercado. Uma maneira é comerciar produtos com o nome de uma celebridade, embora isso não seja novidade no mercado de roupas e perfumes, o desenvolvimento de eletrônicos "celebridades" para consumo é uma jogada que até recentemente não havia sido provada. O produtor de *rap* e *hip-hop* Dr. Dre e o chairman da Intercope Records, Jimmy Iovine, formaram uma aliança com o grupo de design Ammunition e o fabricante de cabos Monster para produzir produtos de áudio, mais especificamente fones de ouvido de alta qualidade. O resultado final é uma marca e um produto autêntico, em sintonia com o som do produtor e projetado para se relacionar com sua platéia. Os produtos são endossados e usados por celebridades reais. Os fones de ouvido são objetos de desejo e têm um som maravilhoso. A marca não precisa tentar ser moderna. Ela é moderna. E é autêntica.

A marca de áudio Beats by Dr. Dre foi construída sobre a idéia de expandir o conhecimento e experiência do produtor para o design.

Marca e experiência – é como um grande navio. As curvas são grandes e levam muito tempo e momento para acontecer. Assim como com uma pessoa, uma vez que você tenha decidido que essa pessoa é uma anta, vai demorar um tempo, e um pouco de experiência, para mudar sua opinião, mesmo que se sinta motivado a fazê-lo. Apenas conversar com ela de vez em quando não ajuda. Será preciso trabalhar com ela por um tempo, ficar com ela, dar-lhe uma chance, antes de decidir: "Bem, talvez ela não seja tão ruim. Talvez ela seja boa". É a mesma coisa com uma empresa. Uma vez que você tenha decidido que ela não merece o valor negativo que você, intuitivamente, lhe atribuiu, você poderá voltar a ser um cliente. Mas isso leva tempo – ela terá que se provar e você precisará dar uma chance a ela. Com uma empresa, isso não acontece com freqüência porque o cliente desencantado não precisa se esforçar, e geralmente ele não se esforça.

Uma Vez No Topo, o Sucesso de Uma Marca Depende de Você

Quando você chega ao topo, estabelece uma marca que as pessoas gostam e respeitam, nada poderá atingi-lo. Certo? Isso está correto, Levi-Strauss? Balançando a cabeça, Polaroid? Uma das grandes tragédias americanas é a lista de empresas que antigamente tiveram sucesso, mas hoje estão morrendo, isto é, se ainda não foram colocadas num caixão corporativo com um lírio por cima. O fato é que você não vai fazer todo mundo feliz, mas uma vez que energiza seus clientes contra você e começa a ver sites na web como www.ihatestarbucks.com (odeio a Starbucks), então saberá que tem problemas.

Um dos sinais certeiros de que uma empresa está indo ladeira abaixo é quando o novo CEO não foca primeiramente na experiência do consumidor como a base para o design de todas as coisas. Quando Phil Schoonover assumiu, em 2006, o controle da Circuit City Stores, Inc., como CEO, um dos primeiros passos foi levar a empresa de volta à lucratividade. Em 2007, ele demitiu 3.000 funcionários como parte de uma iniciativa para economizar $200 milhões por ano. Ao mesmo tempo, ele disse: "Queremos associados envolvidos, que se divirtam no trabalho, que tenham paixão pelos produtos e que curtam atender os clientes".[17] Ele queria, explicou, que a empresa se tornasse um empregador de escolha. Verdade? A distribuição de avisos prévios certamente inflama a máquina de animação. Certo? Bem, isso ainda deixa a empresa com 43.000 funcionários. Mas funcionários também são "clientes". Como eles estão se saindo com suas experiências?

Mais especificamente, a jogada sinaliza que sua prioridade não é o design da empresa para, efetivamente, estimular uma experiência do consumidor realçada, mas sim nos custos dos funcionários, nos preços e outras externalidades.

Qual foi o resultado? Bem, os urubus estão de olho, avidamente esperando.

Outro cenário interessante a seguir será o que a Lenovo fez para o ThinkPad da IBM, que é uma marca ótima de notebooks, agora que ela adquiriu o Grupo IBM PC. O ThinkPad tem sido uma marca icônica nesse segmento de mercado, e o que acontece a seguir depende se a Lenovo, que é conhecida por computadores de preço baixo, irá realmente entender o que era importante sobre a experiência com o ThinkPad. Dentro de alguns anos, uma possibilidade é que ele será apenas mais um notebook construído em um país asiático. Se este for o caso, eles terão desperdiçado o que pagaram pelo patrimônio da marca. Depende deles mantê-la e prosperá-la, ou perdê-la.

Como Você Sabe Como Está Se Saindo a Respeito da Experiência do Consumidor?

Uma das coisas mais difíceis para você é se ver a partir da perspectiva de outras pessoas. O mesmo acontece com as empresas. Elas podem estar cientes da necessidade de uma mudança na percepção, e talvez estejam determinadas a fazer isso da maneira correta, mas não é, de modo algum, um presente. Empresas mais jovens, como a Jones Soda, por exemplo, às vezes parecem entender isso mais claramente. Enquanto que para empresas mais estabelecidas isso seja uma verdadeira contenda. *É comum que muitas empresas grandes sintam que estejam com problemas, mas não sabem por quê.* Para essas empresas, seria sensato trazer ajuda profissional, contratar um consultor em design ou adicionar funcionários que tenham este talento. Elas precisam de ajuda para entender como sua experiência de design e marca está degradada e como podem mudar isso.

Um dos maiores desafios que os designers enfrentam é credibilidade comercial. Quando você coloca o boné do seu CEO (isto é, diretor de experiência) e dá uma boa olhada na sua empresa, geralmente é difícil conjeturar uma mudança arrasadora e sistêmica, de um extremo ao outro. A tendência comum é querer colocar apenas o dedão na água, tentar apenas uma coisa por vez. Diremos a uma empresa que ela poderá nos contratar para projetar um produto, para conhecê-los, para ver a linha de produtos, e algumas vezes diremos: "Veja, sua experiência no geral está por fora. Você precisa fazer algo a respeito. Precisa repensar como você se apresenta para as pessoas". E eles responderão: "Tá bom, tá bom, vocês são projetistas. Nós

Ainda há uma lacuna na cultura da empresa, pelo menos na cultura da empresa americana, de realmente ver um design como um parceiro comercial.

O Slingbox é um design icônico, mas isso é apenas parte desta empresa. Sua marca é sobre a entrega de um serviço valioso que é realmente bem pensado e bem definido.

os contratamos para ajudar nossos engenheiros a desenvolver um produto e os respeitamos por isso, mas vocês estão falando de coisas que não sabem".

É por isso que ainda há uma lacuna de credibilidade na cultura da empresa, pelo menos na cultura da empresa americana, de realmente ver o design como um parceiro comercial. Quando um projetista com experiência e talento olha o que você está fazendo e diz: "Vocês não estão entendendo, não estão fazendo a coisa certa e não estão se comunicando adequadamente", ainda há um coro dizendo: "Tá bom, tá bom. Eu sei. Mas o que você sabe; você não tem um MBA". Há ainda as perspectivas estabelecidas e mais preconceituosas daqueles que estão sempre certos, tão certos a ponto de desaparecerem. Hoje em dia, muitas empresas jovens, recém-estabelecidas, estão mais dispostas a se engajar. Elas estão realmente pensando: "O que estamos fazendo?". Um bom exemplo é o da Slingbox. Eles fizeram muitas coisas certas em definir quem são através de sua marca e em suas experiências de design.

Se pensar a respeito, este é também um conceito sólido. Um dos principais inimigos de um novo produto e de como ele pode se conectar a uma experiência do cliente é a batalha rio acima contra a inércia, contra qualquer coisa que já esteja estabelecida. A entrada para o mercado da Slingbox envolveu esse tipo de "troca de local", de ser capaz de ter uma TV em casa e, em seguida, arremessar o conteúdo para a Internet e ser capaz de visualizá-lo no laptop ou em um telefone móvel de quase qualquer lugar do mundo. Eles fizeram um bom trabalho em fazer com que as pessoas vissem o valor disso, juntamente com a experiência do produto; funciona muito bem. As caixinhas são icônicas, e isso é apenas uma parte deste, mas todo o conjunto e operação, e como ele é, como ele funciona e o que ele está entregando, é realmente bem pensado e bem definido. É muito mais fácil quando você é uma empresa recém-estabelecida e está começando, desde o início, a fazer isso. Como dissemos, é muito mais difícil voltar e mudar as coisas que já estão assentadas, especialmente se estas já estiverem assentadas por anos e anos e anos.

Para o CEO de uma empresa estabelecida, uma vez que as coisas começam a dar errado, e que seja dolorosa e publicamente óbvio que deu errado, o caminho de volta é bastante difícil. Assim como o corpo humano, ou o carro da família, sua empresa precisa de um *checkup* anual. O que as empresas devem fazer não é apenas se queixar sobre suas necessidades específicas para desenvolver um produto, mas investigar o que estão fazendo no geral e como estão se apresentando para o público. As maneiras estabelecidas pelo tempo de marcar e medir como elas estão se saindo não adiantarão nada quando o assunto for a experiência dos clientes. O simples fato de ter pesquisas de consumidores e funcionários não significa que tenha chegado ao nível de intuição. Nossa experiência é que muitos executivos não são muito bons em relatar o que encontram nessas pesquisas para a totalidade de sua cultura, e quais os primeiros sinais que elas apresentam. Eles não conseguem contextualizar as informações de maneira a torná-las passíveis de ação.

Algumas vezes – especialmente em pesquisas feitas com o público em geral –, você precisa analisar o *feedback* contextualmente. A pessoa que está dando as informações pode ter circunstâncias especiais. Você vê tendências óbvias, mas poucas pessoas estão equipadas para decifrar qual sentimento intuitivo você cria nas pessoas. Você provavelmente terá de contratar pessoas que entendam de design para averiguar por que e como seus clientes estão tendo os sentimentos que eles têm. O que é que você está fazendo, por toda sua cadeia de fornecimento de experiência dos clientes, que cria

> *O que a maioria das empresas não sabe é como medir e realmente compreender a experiência dos clientes.*

esta experiência ruim da marca para as pessoas? Você também precisa ser bastante claro sobre o que está fazendo muito bem para continuar fazendo mais disso.

117   Sua Marca Não É Seu Logotipo

A idéia de realizar uma auditoria anual é boa. Dizer todos os anos que você irá examinar seu desempenho, e talvez onde começar, é definir as coisas a serem medidas. Mas, o que é que você deveria auditar?

No mundo de operações, muitas empresas têm muitas maneiras de medir as coisas que elas conhecem e conseguem quantificar. A Dell é extraordinariamente adepta a medir coisas. Entretanto, o que a maioria das empresas não sabe é como medir, realmente entender a experiência dos clientes. Elas talvez admitam: "Bem, entendo que isso seja importante; agora, como realmente medi-la? Como consigo discerni-la, quais são as métricas corretas?". O fato é que não existem métricas claras e, se você tentar fazer isso com muita freqüência, provavelmente acabará prejudicando a situação. Algumas são um tiro no escuro, e aí você precisa desenvolver os instintos afiados de um consumidor – e achamos que a Apple fez isso – ou empregar talentos, de dentro e de fora, para ajudá-lo a desenvolver uma cultura que consiga fazer isso. Você precisa acreditar que design é importante, que essa experiência é importante, e em seguida ver as coisas que criam essa experiência ótima. Estamos falando aqui sobre realidade emocional, e você não consegue colocar emoções em uma planilha.

No próximo capítulo, para dar apoio ao que tem sido considerado até aqui, exploramos como os produtos podem se tornar portais para experiências que são importantes para o consumidor, juntamente com o modo como você projeta para o gerenciamento da rede de experiências.

6

Produtos como Portais

Produtos como portais para experiências que são importantes para os clientes – projetar uma experiência ótima com uma promessa consistente pelos múltiplos pontos de toque – como você usa o design para o gerenciamento da rede de fornecimento da experiência dos clientes.

Você é o CEO de uma empresa com 50.000 funcionários, e é muito dedicado ao conceito de que é a experiência dos clientes que impulsiona a qualidade e o valor dos seus produtos para o lar. Você é tão dedicado a esse conceito que, em 1985, quando uma linha de refrigeradores da sua empresa apresentou defeitos, você fez com que os operários que os fizeram alinhassem e esmagassem 76 deles em pedacinhos. Você mesmo pegou uma marreta e esmagou um deles. O esmagamento público de produtos que não satisfazem parece ser algo de praxe para as empresas da Orla do Pacífico. Você foi considerado pelo *Financial Times* como um especialista em reviravoltas e a filosofia da marca de sua empresa é "Que a navegação seja suave, que o cliente seja o professor". Bem, suas intenções são boas.

Assim sendo, o que acontece quando você entra na Internet, no site www1.shopping.com,[18] e vê 25 comentários de consumidores sobre um produto recém-lançado, um Haier XQG65-11SU Lavadora/Secadora com Alimentação Frontal, e eles dizem:

- O pior produto! A pior experiência que já tive! Nunca compre um produto Haier!

- Fui enganado. Não compre esta ou qualquer outra unidade combinada de lavadora/secadora da Haier.

- O ATENDIMENTO AO CLIENTE É UMA PORCARIA!

- Engenharia terrível, nada confiável.

- É impressionante como a qualidade é péssima. Um verdadeiro lixo.

E assim vai até que você começa a se sentir mal, a ponto de querer vomitar. Seu nome é Zhang Ruimin, chairman e presidente da Haier, e não está tendo um dos seus melhores dias. Você pega seu celular e começa a ver o que pode ser feito para controlar os danos.

Ao redor do mundo, existem muitos CEOs bem-intencionados, como Zhang Ruimin, que fazem de tudo para buscar excelência e fazem isso escutando seus clientes. Você pode andar como andam, falar como falam, mas quanto maior é a sua empresa, mais difícil é certificar-se de que todas as pequenas coisinhas saem de acordo com o plano. Aí é que está o problema.

Você vive e morre com base na experiência de seus clientes, mas quando eles se armam com tochas e forcados, e começam a queimar seu castelo, *todos* os seus produtos estão em perigo. Se você for Zhang Ruimin, espera conseguir apagar este fogo antes que ele se espalhe. Você tem outros produtos cujos comentários de clientes foram muito melhores. Quanto essa uma bagunça prejudicou o público consumidor?

Como observamos anteriormente, a horda de consumidores consegue perdoar, de certa maneira, se uma marca na qual eles aprenderam a confiar, der uma tropeçada de vez em quando. Mas assim como com o Tylenol ou, neste caso, a Haier, uma ação rápida e remediada é vital se quiser suavizar o sentido geral da experiência dos clientes em relação ao seu produto. Em um sentido geral, é a tarefa de qualquer empresa que queira ser verdadeiramente voltada para o design acompanhar o medidor da experiência dos clientes como se esse fosse o barômetro de sua sobrevivência, e em muitos casos ele é.

Como você deixa que a experiência dos clientes impulsione ou permeie todos os aspectos da sua empresa em geral, e todos os produtos e serviços, não importando quão grande ou pequena seja sua empresa? É isso que pretendemos explorar.

Começar com a Experiência e, Esperançosamente, Acabar com Ela

Richard Bronson, da Virgin Airlines, diz: "Eu comecei uma empresa aérea porque a experiência que adquiri voando em outras empresas aéreas foi uma experiência miserável".

A força motriz por trás da idéia de design, da concepção inicial de muitas empresas tinha a ver com a experiência dos clientes. Edwin Land inventou a câmera Polaroid depois que sua filha perguntou: "Por que não podemos ver as fotos na hora?". A idéia era boa no início. Mais de cinqüenta anos depois, esta poderia muito bem ser transformada em uma canção para ser tocada no funeral da Polaroid, tirando fotos com as câmeras digitais (instantâneas).

É a tarefa de qualquer empresa que queira ser verdadeiramente voltada para o design acompanhar o medidor de experiência dos clientes como se este fosse o barômetro de sua sobrevivência.

Entender o quão importante é a experiência dos clientes e manter isso em mente é tão vital para fazer negócios com uma empresa voltada para o design como com qualquer outra coisa que você consiga entender. Algumas vezes você consegue orquestrar tudo para que seja do seu jeito. Outras vezes, é preciso se atirar na missão como se estivesse em um touro mecânico. A escolha de fazer o tanto quanto puder no início é sua, e isso não é fácil, caso contrário a *PCWorld* não teria uma lista dos "25 Piores Produtos Tecnológicos de Todos os Tempos".[19]

Quando o público seleciona entre o bom, o ruim e o pior em produtos e serviços, você sabe onde você quer estar. Mas como ter certeza de que não tropeçará? Bem, o fato é que não há uma pessoa ou empresa com um recorde de perfeição em tudo. No entanto, existem exemplos onde há uma meta consistente em usar a experiência dos clientes para impulsionar o design de produtos ou serviços, e embora grupos de focos e pesquisas sejam freqüentemente usados, eles não são tão eficazes quanto entender e permanecer na intuição dos clientes.

Embora não seja fácil fazer isso, ao mesmo tempo não é tão difícil quanto você pensa, isso porque todos temos nossas próprias experiências como padrão. Há uma fala engraçada na comédia *Clube dos Pilantras*, onde Chevy Chase dá conselhos sobre golfe ao repetir o mantra: "Seja a bola, seja a bola". Bem, não é tão engraçado quando você começa a almejar "Seja o cliente, seja o cliente". Certamente, é assim que Steve Jobs pensa quando ele murmura: "Ei, não consigo usar essas teclas estúpidas". Ou: "Não consigo ler com esta tela. Precisamos consertar isso". Você precisa conhecer seu cliente. Jobs conhece os seus clientes muito bem e se mantém focado neles. O cliente da Apple é limitado, mas ambicioso. É por isso que o iPod transcendeu os tempos e hoje vemos membros de gerações mais velhas usando um iPod.

Mas mesmo o Steve Jobs, ou qualquer pessoa ou empresa mencionada neste livro, deve se manter atualizado - constantemente reaprender e reaplicar e experimentar o mundo do cliente ou sofrer a queda do bom para o ruim, para o pior. É uma abordagem constante e ativa para uma empresa, e é por isso que requer um esforço fora do comum chegar lá, ou se manter lá. Você consegue. CEO ou não, o poder de uma pessoa em fazer a diferença é real.

Ser o Cliente

Pegue uma empresa como a THX. Se você foi ao cinema ultimamente, sentiu que o som da empresa entra em um de seus ouvidos, passa pela sua cabeça e sai do outro lado. Esta é uma maneira agradável de "mostrar" como eles funcionam em vez de simplesmente "contar". A empresa faz mais do que se certificar que o som está nos cinemas. Como diz a *CE Pro*: "Se há um logotipo eletrônico que os consumidores no mundo todo reconhecem, este é o THX. Eles o vêem em seus DVDs favoritos, equipamentos eletrônicos e mesmo videogames".[20] Quando a empresa é mencionada em relação a um produto ou cenário, você espera uma experiência boa. Como o cachorro de Pavlov, você começa a salivar ao ouvir um som rico.

A empresa começou no início dos anos 80 quando George Lucas não ficou muito feliz com a consistência do som nos cinemas. Ele estava trabalhando no terceiro filme de *Guerra nas Estrelas: O Retorno do Jedi*, e tinha trabalhado muito os efeitos especiais, incluindo o som, e não queria que a obra fosse desperdiçada. Pare e pense sobre isso por um momento. Ele é um diretor que deveria estar fazendo apenas filmes, mas foi motivado quando teve de escutar uma execução de áudio ruim de sua obra em um cinema ou dois; assim sendo, ele se envolveu totalmente no nível de entrega de seu produto ao público.

THX foi desenvolvida por Tomlinson Holman na empresa Lucasfilm, e a THX, Ltd. (www.thx.com) não descansou em suas glórias iniciais. O Sistema de Áudio para Carros Certificado THX II foi reconhecido como um dos Melhores Sistemas de Áudio para Carros de 2006 pelos editores da CNET. A empresa está se expandindo para os sistemas de vídeos domésticos e programas de treinamento, e em todas as instâncias, ela começa se sentando na cadeira do cliente e entrando na mente deste.

Pare e pense sobre isso: George Lucas é um diretor que foi motivado quando teve de escutar uma execução de sua obra no cinema com o áudio ruim, assim sendo, ele se envolveu totalmente na entrega de seu produto ao público.

Siga essa seqüência: a THX começa com a idéia de garantir aos cinéfilos uma experiência auditiva magnífica. Eles desenvolvem a marca dentro dos pontos promocionais nos teatros, mostrando-a antes da atração principal. À medida que as pessoas começaram a conectar a marca ao prazer de um som excelente, a THX começou a fazer com que a experiência fosse portátil, saindo dos cinemas e entrando nos lares e carros mediante o uso de componentes certificados THX, incluindo fones de ouvido. A marca é vista hoje por muitas pessoas como um portal para uma experiência mais recompensadora de entretenimento.

Como Fazer Isso?

Digamos que você comece uma experiência pessoal que acha que poderia ser melhorada, atualizada ou mesmo abordada de uma direção diferente, e diz: "Vamos projetar uma experiência do cliente superior; este é o ponto de partida". Em seguida, cria uma organização para projetar o produto ou serviço e entregar a experiência. Foi o que o Cirque du Soleil fez.

Foi o que Alice Waters fez quando ela teve a idéia do Chez Panisse, o qual foi classificado como o restaurante nº 1 na América pela revista *Gourmet,* e consistentemente permanece no topo da lista deles. Ela foi nomeada como uma das dez pessoas mais importantes na indústria de alimentação pela França, e ela é *americana.* Tudo começou quando ela, na época aluna da U.C. Berkeley, passou um ano no exterior e absorveu a cultura de Paris e Provença. Lá, ela começou a compreender como a comida tem tudo a ver com a experiência da comunidade reunida à mesa e, embora a comida tenha que ser, no mínimo, boa, a experiência se estende para os produtores locais, realçada pelos talentos culinários para os prazeres da mesa e por uma boa companhia. Nessa tradição, não poderíamos dizer: "O que há para o jantar", até descobrirmos o que havia disponível fresco no dia em que você foi ao mercado. Isso se tornou a experiência que a Alice queria consistentemente oferecer através de seu restaurante Chez Panisse em Berkeley, o qual abriu suas portas em 1971. Qual foi o resultado? Quase quatro décadas de esplendor até hoje.

Era assim que a mente de Howard Schultz estava funcionando quando ele visitou Milão e disse: "Esta é uma experiência que os bebedores de café estariam dispostos a pagar um pouco mais para desfrutar". Ambos, Alice Waters e Howard Schultz, eram CEOs de suas empresas no sentido de diretores de experiências na concepção de seus negócios. Schultz chegou à experiência da Starbucks. Não foi brilhante? Bem, em retrospecto, esta parece ser uma daquelas coisas incrivelmente óbvias, mas o que algumas poucas pessoas provavelmente perceberam é justamente que a cafeteria era mais do que simplesmente vender café, Schultz e Starbucks implementaram isso brilhantemente. Schultz não achava que ele estava no negócio de cafés, mas sim no negócio de experiências, e o portal para essa experiência era uma deliciosa xícara de café em uma atmosfera cuidadosamente projetada. Lembramo-nos aqui da nossa frase favorita de Mae West: "Eu costumava ser a Branca de Neve, mas depois me perdi". A Starbucks se perdeu. Resta ver se eles conseguirão reconstruir a experiência e sobreviver à commoditização.

Portais para a Experiência

Nos livros e filmes de *Harry Potter*, os mágicos se locomovem de maneiras mágicas, e uma delas é através de um portal. Se você tocá-lo, é enviado para um local distante; o outro lado da conexão. É assim que produtos ou serviços bem projetados funcionam: o produto ícone ou referência é uma entrada ou portal para uma comunidade específica, para uma experiência singular. E é aí que você começa a gerar valor.

Produtos ou serviços realmente bem-projetados tornam-se ícones ou referências, uma entrada ou portal para uma comunidade específica e para uma experiência singular.

Mesmo algo como um livro é um portal. Não pense nesse produto que você está segurando como um produto. Veja-o como um portal. Se este for um sucesso em compartilhar a importância de valorizar a experiência do cliente e usá-lo à medida que projeta sua organização (mesmo se esta for você, em casa, de pijamas, lançando sua empresa recém-estabelecida) e produtos e serviços, significa que você foi arrebatado para um lugar melhor.

Um produto ou serviço pode igualmente ser um portal para uma experiência ruim do cliente. Em um avião, se seus joelhos tocarem seu rosto e a aeromoça tiver uma atitude ruim, ou se estiver atrasado e perder uma conexão – e para fazer uma nova conexão é uma dor de cabeça – e, em seguida, sua bagagem ficou perdida e o atendimento ao cliente é contraditório, significa que você não tem viajado com a Southwest ou a Virgin – você tem voado com uma empresa aérea comercial. Bem, sejamos justos – ser uma empresa aérea comercial na atual circunstância é algo extraordinariamente desafiador. E qualquer empresa aérea poderá sofrer com mudanças no clima ou quando a segurança nos aeroportos fica mais apertada, ou várias coisas que podem dar errado dão errado.

Mas, como eles lidam com tudo e isso e continuam te movendo pelos ares com um sorriso no rosto? Isso se resume em se a empresa aérea deles foi mantida como um portal para uma experiência boa ou se arrastou para tornar-se o portal de entrada à miséria e frustração. Tudo volta a: "Eles começaram com o sentimento dos clientes?". Você pode ter os serviços de uma das maiores empresa de design do mundo (a United fez isso), mas se este for visto como um prego solto, como novos compartimentos em uma frota antiga, então tudo o que acontece é que a miséria começa a aparecer bem mais.

Eles projetam a rede de fornecimento da experiência dos clientes para que você não acabe tendo uma aeromoça chata (este ponto requer que a empresa aérea se relacione com seu pessoal como se eles fossem clientes – porque a tripulação de empresas aéreas quer o que o público quer – uma boa experiência) ou assentos que ergonomicamente sacrificaram sua habilidade de andar ereto? Eles coordenam todos os fatores que conseguem controlar para ser uma parte positiva da sua experiência de viagem? Todos tentam fazer com que seu vôo seja consistentemente impecável? E se as coisas saírem errado por causa de alguma condição ou evento, eles estão preparados para consertá-las rápida e agradavelmente? Parece que isso nunca acontece com algumas empresas, embora com outras, sim. Os clientes percebem. Você provavelmente já percebeu e isso afeta seu processo de decisão na próxima vez em que estiver fazendo planos de viagem. Você se vê deixando passar algumas promoções melhores na empresa "Aflição no Ar" para pagar um pouco mais por uma experiência com a qual consegue viver, até mesmo curtir.

Não jogue o jogo, mude-o. Procure o design para descobrir novos territórios

---

Reconhecemos que é difícil ser a United ou a American, por exemplo. É muito difícil para um grande transportador comercial passar por uma mudança total. É muito mais fácil ser a Southwest ou Virgin Atlantic, isso porque você teve a chance de projetar e construir uma cultura desde o começo para proporcionar uma experiência que queria que seus clientes escolhidos desfrutassem.

Vamos falar sobre churrasqueiras por um momento. O fato de uma churrasqueira ser apenas uma churrasqueira já não serve mais. Não quando alguém projetou e construiu uma churrasqueira expressamente como um portal para a experiência máxima em churrasco. Entra em cena a churrasqueira Fuego, cuja comoção é: "Uma churrasqueira maravilhosa que está sendo chamada de 'o iPhone das churrasqueiras'. Esta certamente é melhor do que a churrasqueira de George Foreman, agora com 3 anos, que lembra a primeira geração de iMacs".[21] De acordo com a *ID Magazine*, "a Fuego é uma reinvenção arquitetural de churrasqueiras. Não é necessário o uso de enormes coifas ou chaminés curvadas. É apenas sua funcionalidade direta que coloca o design moderno no centro".

Como resume Sara Hart no blog tecnológico *Dwell Dailey*:

> *Quando um produto muito popular é melhorado, sua embalagem deve distingui-lo de seus concorrentes. A Fuego, uma empresa de produtos domésticos avançados, baseada em San Francisco, Estados Unidos, fez justamente isso quando ela criou a Fuego Grill, uma churrasqueira para uso externo diferente de todas as outras. Ela é bem projetada, compacta, com corpo em aço inoxidável e bancada em madeira, e diz: "Eu não sou a antiga Weber do seu pai". O Sistema de Troca Rápida de Gaveta permite mudar o método de cozimento de gás para infravermelho aquecido por gás, e para o carvão tradicional com a simples troca de gavetas. Ela tem um termômetro da superfície da churrasqueira para medir o tempo de cozimento e um sistema modular para acomodar todo tipo de acessório, incluindo fritadeira, frigideira de ferro, wok e vaporizador. A coifa se retrai completamente, ficando fora do caminho. Ela ganhou o Prêmio de Design de Produtos em 2007 da iF (revista), ganhou a 53ª Revisão Anual de Design da ID Magazine e mais notavelmente a Medalha de Ouro da IDEA 2007 para produtos de consumo do Business Week. A Fuego 02 é uma versão menor. O modelo maior é vendido por aproximadamente $3.500.[22]*

Assim sendo, como uma churrasqueira proporciona uma experiência melhor do que as outras? A Fuego entendeu esse conceito e começou com um diálogo sobre a idéia de que uma churrasqueira é muito mais do que um simples aparato para cozimento. É um terminal para o entretenimento em seu quintal. A percepção de que a maioria dos projetos de churrasqueiras, com coifas grandes que realmente impedem a socialização porque criam uma dinâmica onde seja difícil ficar por perto delas, foi brilhante. Basicamente, com a antiga churrasqueira com coifa, enquanto você cozinhava, todos ficavam atrás de você. Você quer situações em que está cozinhando e todos estão ao seu redor. Essa foi a verdadeira inspiração para a Fuego Grill: entender que tudo tem a ver com a experiência social. A Fuego é muito mais do que simplesmente uma churrasqueira legal que funciona bem; é um portal para uma experiência social mais rica e moderna em seu quintal.

Tudo Isso Soa Muito Bom, Mas, Mais Uma Vez, Como Consigo Fazer Isso?

Até certo ponto, tudo que temos discutido parece fruto do bom senso. Pense como um cliente e sempre tenha isso em mente. É necessário manter uma vigilância incansável se quiser ter sucesso. Quando você tenta fazer algo em uma empresa grande, é muito mais difícil. Foi difícil para Steve Jobs se atirar no design do iPod e garantir que todos os estágios, da idéia à entrega, dos clientes ao acompanhamento, funcionassem. É preciso uma equipe de pessoas incrivelmente talentosas e comprometidas para mudar o jogo para sempre. Ela representa o equivalente metafórico de Roger Banister, que quebrou a barreira de quatro milhas por minuto. Depois que Banister conseguiu esse feito em 1954, outros o seguiram. O desempenho de Banister tornou-se o portal para outros atletas. Quando você estudar o desempenho de "Banister dos Negócios", concentre-se nas idéias, não se prenda às chamadas "melhores práticas", porque elas raramente são traduzidas para outra (e conseqüentemente diferente) cultura organizacional.

Uma coisa é o George Lucas perceber que consegue fazer os melhores filmes, mas que a experiência será diminuída a menos que o som nos cinemas seja extraordinário. O design, desenvolvimento e entrega das dinâmicas sonoras do THX é algo muito exigente. Agora imagine como é difícil para alguém como Zhang Ruimin, nosso protagonista na abertura do capítulo, cuja empresa lança centenas de produtos todos os anos. As coisas podem dar errado, como aconteceu com a lavadora/secadora que mencionamos. Aí você se encontra no estágio de controle de danos em vez de progredir. Você não pode simplesmente se atirar no mar, fechar a escotilha e mergulhar sem fim. Você precisa ficar lá e nutrir sua base de consumidores de volta ao nível de confiança que era a promessa pretendida com cada design.

De fato, isso foi sempre difícil no passado, mas hoje é muito mais difícil por causa da mídia e interatividade da Internet, como a Haier descobriu quando a maioria dos consumidores decidiu mostrar suas garras ao falar sobre suas experiências com a lavadora/secadora. A transparência da experiência dos clientes é hoje muito maior do que antes, em parte por causa do poder e da proximidade dos comentários providenciados *pelos consumidores*. Marcas inteiras afundaram porque um produto que foi levado às pressas para o mercado criou problemas que não puderam ser corrigidos, tudo isso numa atmosfera em que os produtos *precisam* ser levados às pressas para o mercado. A moral da história é que, embora você consiga (e deva) administrar o tempo de produção e dos canais de distribuição da rede, diminuir o tempo de ciclo do design pode ser arriscado.

Acrescente trabalhar rapidamente em um ambiente onde os clientes agora conseguem retrucar, juntamente com todos os outros obstáculos que qualquer produto enfrenta, e você sabe que fazer tudo certo é muito importante e muito difícil. Fazer a coisa certa significa trabalhar com uma variedade de organizações dentro e fora da sua empresa. Isso exige muito alinhamento, foco e pensamento compartilhado. Além disso, você precisa estar constantemente aprendendo e melhorando o modo de desenvolver e implementar sua experiência por todas as disciplinas. Muito poucas pessoas na maioria das empresas têm o poder de garantir que isso aconteça. O CEO é aquele que geralmente toma a dianteira, alinha a organização, os fornecedores e todas as outras pessoas, e diz: "Isso é importante. É assim que vamos fazer. Vocês têm carta branca para fazer com que isso aconteça e eu vou cobrá-los e responsabilizá-los por tudo que levar a uma experiência eventual de clientes".

Dito isso, agora vivemos num mundo onde a divisão de empresas globais é geralmente maior do que as grandes empresas do passado. Se este é o caso, se você administra uma divisão ou é gerente de produto de uma linha, pode aplicar tudo isso e, quem sabe, acabar transformando toda a empresa. Como dizem, "não há nada mais difícil de barrar do que uma tendência". Comece uma tendência.

A idéia a ser abraçada, entendida e implementada, quando estiver preparado para fazer a mudança, é a do estilo de gestão da "rede de experiências". Isso funciona se você estiver lidando com um produto ou serviço e se não tiver nada a ver com nenhum dos dois. A gestão da rede de fornecimento da experiência dos clientes começa com o final em mente – a experiência dos clientes – e continua com o projeto de todos os aspectos da cultura corporativa e suas operações, de modo a coreografar um design total e entregar cada detalhe da experiência pretendida.

> *A gestão da rede de fornecimento da experiência dos clientes começa com o final em mente – o que o cliente sente, vê, escuta e toca.*

O nome da Nordstrom sempre aparece quando falamos sobre o setor de varejo, isso porque a empresa construiu uma identidade para si tendo bons produtos e uma experiência dos clientes excelente. Dizem que um atendente certa vez aceitou um pneu de um cliente como crédito, embora as lojas da Nordstrom não vendam pneus. Mas assim você sabe o que poderá acontecer se algum dia você estiver numa loja da Nordstrom. Se você parece saber o que quer e está apenas olhando e se divertindo, eles te deixam em paz para desfrutar sua experiência. Mas se fizer cara de sério e começar a olhar para dentro dos corredores, como se estivesse em busca de algo, um atendente silenciosamente aparecerá para te ajudar; não aquela ajuda de todo dia, mas aquele tipo de ajuda em que a pessoa fará de tudo para satisfazê-lo. Você quer comprar uma blusa de cashmere vermelha para sua sobrinha. O atendente te mostra a que está em exposição, em seguida te leva para outro departamento para mostrar algo mais moderno para uma pessoa mais jovem, e o item está em promoção. Você mencionou presente, assim o atendente desaparece no fundo da loja e volta com a sua compra embrulhada de maneira bastante diferente, o que fará com que sua sobrinha se sinta especial. Bem, se é assim, você também se sente especial.

Desse modo, como a Nordstrom consegue fazer isso? Eles simplesmente fazem boas contratações, têm um programa de treinamento excelente ou o quê? O fato é que ser do jeito que eles são é uma parte consciente do quadro geral de design, de um extremo da empresa ao outro. O comprador sabe disso. O atendente certamente também sabe disso. E pode apostar que o CEO também sabe. Mas isso não é algo que todos deveriam fazer? Essa abordagem não poderia ser commoditizada? Bem, poderia, mas lembre-se, se fosse fácil, todos estariam fazendo assim.

Você entra numa loja da Container Store e vê cartazes anunciando que a empresa foi votada um dos melhores locais para trabalhar. Por que isso é importante para sua experiência? Você dá uma olhada ao seu redor. Produtos bons, mas em grande parte apenas variações da caixa básica. Talvez você consiga montar algo assim você mesmo e economizar. Antes que perceba, já está conversando com um dos funcionários para saber se poderia transformar um armário em algo que pudesse guardar duas vezes mais do que você tem agora, e com componentes confiáveis e firmes que alguém recomendaria. Assim, você deixa de lado a idéia de fazer a caixa, compra o que precisa e vai para casa reconstruir seu armário.

Compare a experiência da Nordstrom e da Container Store com o que acontece quando você entra numa loja do Walmart. Uma pessoa lhe cumprimenta na porta, o que mostra que eles estão se esforçando. Os atendentes são prontamente identificados por um jaleco azul onde está escrito que estão ansiosos para ajudá-lo. Mas a linguagem corporal é, muitas vezes, errada e freqüentemente os escutamos reclamando. Mas, e daí? Você veio até aqui pelo preço, certo? Você tem que tolerar um promotor de vendas que está muito ocupado reabastecendo as prateleiras e você não consegue pegar o produto que quer. O sistema de alto-falantes internos te assusta, mas pelo menos pegou o que queria e se dirige para

134   Gestão Estratégica do Design

o caixa. A fila dos caixas para 20 itens ou menos parece não sair do lugar. Há um caixa onde você passa sua própria compra (e começa a pensar que por alguns dólares a mais, eles poderiam deixá-lo varrer o chão). Tem também as filas de caixa normais para aquelas pessoas que esperam que tudo em suas casas se acabe e só então vão ao mercado.

Mas aqui temos algo. Quando você estava chegando, deu uma olhada ao seu redor e viu um cabelinho amarelo no caixa nº 9. É a Betty. Você viu que outras pessoas também estão olhando para ver se ela está lá. Você entra nessa fila, com sete ou oito carrinhos na sua frente, enquanto outros caixas têm apenas dois ou três carrinhos. Mas você não se preocupa em esperar. Todos nessa fila estão sorrindo e muitos conversam entre si. As pessoas nas outras filas estão sérias, prontas para arrancar a cabeça de quem se dirigir a elas. Finalmente, chegou sua vez e a Betty lhe pergunta como tem passado e te conta um pouco sobre seus netos. Vocês dois tem um tipo autêntico de conversa de pessoa real para pessoa real enquanto passa as compras, e ela está sorrindo, assim como você quando deixa a loja.

Você deve construir a gestão da rede de fornecimento da experiência dos clientes em cada parte da sua cultura. E precisa avaliar e recompensar as pessoas de acordo com isso.

Na saída, dá uma olhada ao seu redor. O gerente sabe o que está acontecendo aqui? Não, ele está de pé, perto de uma das pontas de gôndola, conversando com outros dois funcionários, e parece não estar prestando atenção. Pode ser que ele passe pelo caixa nº 9 e pense: "Essa é das boas". Mas faz parte da loja, ou do esforço consciente da loja, fazer com que mais funcionários se conectem com os clientes? Não. A empresa tem muitas abordagens em reuniões formalizadas para fazer com que isso aconteça, mas se você for um desses funcionários sem plano de saúde, ou que simplesmente aceitou o emprego porque era o único local que te empregaria, ou trabalha no açougue onde os produtos são enviados diariamente porque alguém certa vez tentou começar um sindicato, as chances de deixar qualquer alegria que sinta na porta de entrada todos os dias quando chega para o trabalho são grandes.

Enfatizamos aqui que você deve construir a gestão da rede de fornecimento da experiência dos clientes em cada parte da sua cultura. E precisa avaliar e recompensar as pessoas de acordo. Se elas não tiverem o incentivo para entender o design e a implementação corretamente, isso não acontecerá. Assim, toda gerência deve ter um avaliador de desempenho. Todos os funcionários devem ter um impacto definido e entendido na experiência dos clientes, avaliações precisam ser desenvolvidas e todos devem ser recompensados por suas conquistas. Todos.

O Walmart tem uma idéia disso e está se esforçando para mudar. Eles certamente entendem a gestão de fornecimento de produtos na questão de preço, mas você não obtém a qualidade de design que obtém na Target, e geralmente nem chega perto dos serviços que recebe nas lojas da Nordstrom. Preço é o que importa e quando a guerra começa, este nem sempre será o elemento mais importante. Refira-se aos "10 pontos" de Sam Walton para suas lojas e poderá ver que ele entendia sobre a gestão da rede de experiência.[23] Toda a orquestração do que deveria estar acontecendo em cada loja está bem ali. Mas o Walmart está apenas preocupado com um desses pontos, o preço, o que poderá torná-lo vulnerável. A ascendência rápida de lojas como a Dollar General e outras parecidas são um sinal de que nuvens negras estão se formando.

Muitas das coisas que deram certo antes serão desafiadas daqui para frente, e é por isso que você precisará ser voltado para o design se quiser sobreviver à mudança. Mencionamos que a rede de fornecimento da experiência é uma reta que liga a experiência dos clientes até o início da rede de fornecimento de materiais. Um dos motivos de toda essa idéia, de definir a experiência de seus clientes e descobrir o que irá acontecer ao longo dessas conexões, ser mais difícil agora é que o modo como isso acontece hoje é muito diferente de como era cinco, especialmente dez anos atrás.

O que mudou é que hoje existem muitas entidades envolvidas. Antigamente, as empresas realmente se firmavam com sua rede de fornecimento, queriam projetar todos os seus próprios materiais e, em seguida, desenvolvê-los e supervisionar de perto a entrada deles no sistema. Desse modo, as empresas tinham muita infra-estrutura para desenvolvimento e produção. Era assim que as empresas tinham sucesso – e elas eram realmente boas nisso, e eram proprietárias.

Hoje, você não é mais dono de todos os elos na rede. Existem todas essas outras empresas que você contrata e traz para dentro da sua empresa, contrata alguém para administrar a logística e é tudo nivelado e terceirizado. Nesse cenário, como manter a consistência? Ou consistência estratégica é um termo melhor; você não quer ser apenas consistente, quer ser estrategicamente consistente. Como fazer isso? Definindo claramente o que quer que seja a experiência de seu cliente, a linguagem do design e tudo mais, e então fazer com que seus vários parceiros e fornecedores cumpram-na e trabalhem com ela. Quando você terceiriza muito, corre o risco de acabar com uma mistura de componentes. Há muitos pontos de vista e metodologias entrando no processo, os quais, no final, afetam o que os clientes vêem. Já não é mais algo que você conhece bem ou já teve, mas ainda assim precisa administrá-lo. Não é fácil fazer tudo, e fazer bem, e ser consistente e vigilante em alcançar e manter a integridade do design.

Como é hoje, você não é mais dono de todos os elos na rede. Está tudo nivelado e terceirizado. Nesse cenário, como manter a consistência?

Você Consegue Fazer, Não Poderemos Ajudá-lo

Vamos examinar uma situação na qual o plano era bom, mas alguém jogou uma chave inglesa na engrenagem. Se você fosse a uma loja da Home Depot quando eles abriram, seria cumprimentado, direcionado ao corredor que queria e lá seria recepcionado por um perito no que você queria fazer, fosse encontrar um tom de tinta para combinar ou cortar uma tábua, e depois poderia voltar para casa e consertar o que precisava ser consertado. Esse era o design da experiência sob a qual eles construíram a loja e os negócios. Além de, é claro, preços de depósitos de materiais para construção.

A maioria dos vendedores em cada departamento era de empreiteiros aposentados ou algum outro tipo de especialista que conseguia realmente viver de acordo com o lema da loja: "Você consegue fazer; nós podemos lhe ajudar". Na seção de encanamentos, você encontra uma mulher que o surpreende ao saber mais sobre encanamentos e conexões do que você jamais imaginou que desejasse saber. Você precisa substituir um vaso sanitário, diz isso a ela e quer fazê-lo você mesmo, como ouviu dizer que pode ser feito, para economizar na conta monstruosa de encanadores. Ela te ajuda a descobrir quanto quer gastar e qual peça se encaixaria melhor no espaço disponível, e quando você se dá conta, todas as peças são carregadas em um carrinho rolante e ela te diz exatamente como usar a vedação de cera de abelha, que terá que ser colocada no local certo para evitar vazamentos. Você vai para casa e faz isso. Era assim que deveria funcionar e foi assim que funcionou.

A Home Depot decidiu economizar eliminando os mais caros "peritos de áreas". Em vez de economizar, a empresa entrou numa queda que não apenas custou uma porção significante da sua base de clientes, mas também custou seus investidores de apoio.

Alguns meses depois, você precisa consertar uma conexão de PVC e vai à Home Depot. Você sabe que precisa de uma coisa roxa e de uma cola especial, e que existem cotovelos e coisas assim envolvidos. Mal sabe qual o tamanho do tubo de plástico branco que está usando. Você precisa encontrar a seção você mesmo. Ela agora está perto da seção de madeiras, o último lugar que você teria olhado. Tenta encontrar alguém para ajudá-lo e nada. Pergunta a um cara com um jaleco alaranjado, mas ele trabalha apenas com madeira e não tem a mínima idéia do que é um dois por quatro. Você então adentra o departamento de encanamentos procurando pelo "anjo do encanamento", mas ela não trabalha mais lá. Mas como? Você então resolve pegar algumas coisas que espera que funcionem, ir para o caixa, mas não há ninguém por lá. Você precisa passar suas compras você mesmo e isso significa procurar o preço de algumas delas em uma lista. Você sente fumaça saindo de suas orelhas e começa a se lembrar do lema "você consegue fazer", e a planejar o que você poderá fazer agora que envolva o gerente da loja e o atendente na seção de madeiras.

O que aconteceu aqui? O fato é que a planilha entrou em ação. Quando Bob Nardelli era o CEO na Home Depot, a empresa decidiu economizar eliminando os mais caros peritos de áreas e também eliminou a facilidade de ter uma pessoa com conhecimento para passar suas compras. Em vez de economizar, a empresa entrou numa queda que não apenas custou uma porção significante da sua base de clientes, mas também custou seus investidores de apoio. Um pequeno passo para o Excel, um passo gigantesco para o desastre da rede de fornecimento da experiência dos clientes. Isso também não ajudou muito o preço das ações da Home Depot.

Os sites de investimentos na Internet foram os primeiros a detectar problemas. O cartaz da Seeking Alpha no site da Internet dizia: "Home Depot: Será Que Eu Deveria Manter Minhas Ações Se a Experiência do Meu Cliente Lá É Péssima?".[24] O site do Dividend Guy dizia: "Esta foi provavelmente a pior experiência de compra que já tive".[25] Você acha que isso é apenas tempestade em copo d'água? Até mesmo Warren Buffet vendeu todas suas ações da Home Depot.

O problema – depois que a tempestade havia se instalado – permeava toda a rede de experiência dos clientes. Como afirma Ohlin Associates: "Nenhuma excentricidade revelou-se mais sistemática e consistentemente do que os programas de desconto e garantias da Home Depot administrados externamente".[26] Basta visitar alguns blogs para ver como esse aborrecimento se espalhou.

Não demorou muito para a Home Depot acordar e ver o espaço vazio onde os clientes costumavam ficar. Nardelli foi removido e um novo CEO foi admitido, Frank Blake. Ele sabia o suficiente para voltar à receita antiga de ser focado no design ao redor da experiência dos clientes. Mas isso seria suficiente? O pessoal na Ohlin testou seu nível de compromisso e começou a acreditar que se alguém fosse dar a volta por cima, essa pessoa seria Frank Blake. Eles disseram:

> *"Com um escândalo os seguindo e a Lowes em seu calcanhar, a Home Depot agora reconhece uma verdade eterna: que seu enorme investimento de capital requer a alimentação constante de clientes e desenvolvimento por todos os níveis da organização. Clientes são o bote salva-vidas de qualquer empresa. Ao prestar atenção não apenas em cortar custos através de terceirização e melhor administração do inventário, mas na experiência de seus clientes, Frank Blake está desenvolvendo uma cultura que ativamente vai até você e mim, nos dizendo e mostrando que a Home Depot está se esforçando para ganhar de volta a sua confiança."*

O Que É W? Um Hotel Muito Confortável!

Era uma noite quente e confortável de sexta-feira em junho de 2001. Adam Campbell Smith e sua esposa Natalie desceram do avião no Aeroporto de La Guardia, dirigiram-se para a esteira de bagagens e ficaram aliviados ao constatar que suas malas chegaram ao destino. Até agora, tudo bem. Duke, o cachorro chihuahua de Natalie, veio numa bolsa de mão, e os três, juntamente com a bagagem, dirigiram-se para a Triborough Bridge, em um táxi, em direção a Manhattan – e a uma experiência que eles juram que será diferente desta vez. Alguns anos atrás, eles passaram uma semana de lua-de-mel em um hotel econômico em Nova York, e para celebrar seu aniversário de 20 anos de casamento e aproveitar uma promoção, eles retornaram à Ilha, vindos de Iowa, para fazer tudo dar certo dessa vez. Um amigo no trabalho havia dito ao Adam que, se ele realmente queria fazer o certo dessa vez, ele teria de esquecer o Plaza e fazer o check-in no W. Um pouco relutante, Adam trocou as reservas: "Que tipo de hotel tem um nome com uma letra apenas?", ele se questionou. Ainda assim, quando se fala de hotéis românticos, seu amigo é "o cara".

A rede de hotéis W tem levado a experiência dos clientes a um novo nível, de maneira que apenas os pequenos hotéis-boutique haviam feito no passado.

Lá estavam eles, entrando no lobby que mais parecia uma sala de estar elegante e muito confortável. Foram recebidos como se fossem amigos da família. No elevador, Natalie limpa o pigarro da garganta e espera não estar pegando uma gripe. Adam está de olho numa garrafa de vinho que o mensageiro está levando para outro quarto. Logo chegam ao quarto, maravilhados com as cores naturais de madeira e natureza, uma cama linda e convidativa, uma decoração que faz com que eles se sintam como se tivessem se mudado para uma nova casa, não um hotel, e quando a campainha toca, é o mensageiro com um carrinho.

O W Hotéis treinou seu pessoal para captar todas as dicas de sua experiência e responder a elas.

"Nós não pedimos serviço de quarto", eles dizem.

"Eu sei", diz o mensageiro, entregando uma tigela de canja de galinha para aliviar a garganta de Natalie e uma garrafa do vinho em que Adam estava de olho.

"Como eles sabiam?", diz Adam. Natalie agradecidamente experimenta sua canja, enquanto Duke explora sua cama para cachorros W e encontra um biscoito no travesseiro.

"Parece que eles sabem o que queremos mesmo antes de querermos", diz Natalie. "Nós estamos no 'Além da Imaginação'?", ela pensa alto.

Temos aqui pessoas treinadas para captar qualquer dica da sua linguagem corporal quando você se encaminha para o quarto, e ao responder a elas, antecipar suas necessidades. O W Hotéis treinou seu pessoal para captar todas as dicas de sua experiência e responder a elas. Seria estranho se você não acabasse se sentindo mimado e especial, pois é assim que é para você se sentir no W.

Pela manhã, Natalie foi para o spa do hotel e Adam para a academia, enquanto um funcionário passeou com o Duke pelo Central Park. Como não amar esse tipo de serviço? Foi isso que fez com que o W ganhasse um dos prêmios da FastCompany.com, o Prêmio de Cliente em Primeiro Lugar de 2005 – aquela experiência que pode ser apenas projetada em uma estada.

Você já esteve em um hotel e teve uma experiência ruim? Barry Sternlicht teve, e a diferença entre ele e a maioria dos outros hóspedes é que ele decidiu fazer algo a respeito. Ele foi atrás de cada aborrecimento e os usou para projetar uma experiência em hotéis que corrigia cada uma dessas falhas.[28] O tema para sua idéia de criar um sentimento de sentir-se em casa longe de casa para os viajantes cansados era algo: acolhedor, espirituoso, caloroso, maravilhoso, caprichoso, divertido e conectado (em inglês: welcoming, witty, warm, wonderful, whimsical, wow e wired). Daí a origem do nome dos Hotéis W, uma linha de apartamentos estilo boutique, onde cada um deles personifica e incorpora cada função que o viajante quer ou precisa, e muito mais.

A sensibilidade operacional que impeliu Sternlicht foi: "Por que uma visita a um hotel não deveria ser como se sentir em casa?". Ele queria uma experiência que fosse "como em casa, mas melhor".

Assim como o Cirque du Soleil, a rede de hotéis buscou se reinventar com cada hotel novo que era inaugurado. Como qualquer empresa voltada para o design, função era uma parte da fórmula. O que Sternlicht buscava após cada inauguração era uma experiência de marca singular que fosse moderna, divertida e até mesmo emocionante. Ele lançou a marca dos Hotéis W em 1998, com o Hotel W original, em Nova York, no endereço 541 Lexington Avenue, seguido de um em Atlanta, e continuou se expandindo para Los Angeles, San Francisco, Seattle, Cidade do México, Seoul, Dallas e Chicago, até haver mais de 30 locais. Mas a pergunta essencial aqui era: Por que outro hotel? O que estava faltando na lista para aqueles que desejavam viajar com estilo e conforto?

A sensibilidade operacional que impeliu Sternlicht foi: "Por que uma visita a um hotel não deveria ser como se sentir em casa?". Ele queria uma experiência que fosse "como em casa, mas melhor". Ele investigou alguns hotéis tradicionais e viu muito da mesma coisa antiga – um tipo de colcha e decoração previsível que gritavam: "outra noite num hotel". Com tantos produtos de qualidade que existem para o lar, por que o hotel não deveria aproveitá-los? Assim, o Hotel W buscou desenhos que incorporassem temas da natureza para dar um ar mais limpo e diferente de quartos de hotel. As camas no W são como nuvens compostas de camadas de colchão e camas de pena com edredons de pena de ganso, como aquela que Sternlicht tinha em casa. Ele cuidou de cada detalhe da iluminação e do design, e por trás disso tudo buscava chegar em quartos que passassem a mensagem de que eram "modernos e ousados", não apenas confortáveis. Isso significava mesas de trabalho extra grandes, TVs grandes e banheiros espaçosos. Teclados sem fio em cada quarto, toalhas super fofas e chuveiros grandes, todos juntos se fundiam em um tipo mais sexy e consistente de lugar para ficar. Até mesmo a recepção dos hotéis tem a aparência e sentimento de uma sala de estar.

Sternlicht admitiu que havia almejado projetar classe para as massas, mas acabou tendo uma marca quatro-estrelas, uma marca que agora oferece linhas de produto que refletem e comercializam o estilo de vida dos Hotéis W. Outros locais planejados incluem Atenas, Istambul, Doha, Dubai, Santiago, Hong Kong e vários outros ao redor do mundo. Como parte da Starwood Hotels e Resorts Worldwide, a qual tem mais de 860 hotéis em mais de 95 países, a Hotéis W continua prosperando e crescendo, mesmo que Sternlicht tenha se retirado como CEO em 2004 para dar atenção total à sua outra empresa, a Starwood Capital. Os Hotéis W agüentaram Steven J. Heyer por um mandato como CEO, quando a Diretoria então pediu a ele que deixasse o cargo por questões sobre o seu estilo administrativo e alegações de má conduta pessoal. Em setembro de 2007, Frits van Paasschen foi nomeado CEO da linha de Hotéis W.

A linha continua seguindo suas origens voltadas para o design com ofertas singulares. Por exemplo, tudo é estilizado nos Hotéis W; a recepção é conhecida como "Boas-vindas" (Welcome), a piscina é "Molhada" (Wet). Uma das promoções singulares em que os Hotéis W foram pioneiros nos últimos anos foi a "Woof". Todos os cinco Hotéis W em Nova York recebem os animais-hóspedes com uma Cama da Marca W, um roupão para cachorros, um presentinho e serviços para cuidar de cachorros que inclui caminhá-los pelo Central Park. Se você fizer a reserva de uma Mega Suite no W em Seoul, o Walkerhill, o hotel terá um Jaguar vermelho à sua espera no aeroporto. Os Hotéis W em Dallas, Chicago, Los Angeles, San Francisco e Nova York estão todos equipados com Bliss Spas.

Levar a experiência de clientes para um novo nível foi o suficiente para provar ao restante da indústria hoteleira de que há espaço para uma abordagem nova e inovadora. Para que os Hotéis W continuem seu crescimento ao longo desse caminho de design da experiência, serão necessárias todas as coisas de que falamos a respeito. Até agora, a maioria dos clientes parece concordar que a experiência é simplesmente maravilhosa.

É realmente a gestão da rede de fornecimento da experiência dos clientes resumida. Nas páginas seguintes, examinaremos as maneiras de entender completamente essa idéia e implementar o que temos falado. Mas pense um momento sobre o seguinte: como seria bom começar direito desde o início, ou se já tiver começado, não tropeçar e fazer tudo novamente, para fazer as coisas certas!

Uma vez que você vê seus produtos e serviços voltados para o design como portais para experiências que importam para seus clientes, entenderá a necessidade da gestão da rede de fornecimento da experiência e estará pronto para agir de acordo com o curso, e então dará uma olhada no próximo capítulo sobre como implementar essa idéia e aprenderá um pouco mais sobre a linguagem do design e sobre como ela se torna parte da estratégia de construção da sua marca.

Seus Produtos e Serviços Estão Falando com as Pessoas

Como certificar-se de que eles estão falando a coisa certa – O que é a linguagem do design? – Por que ela é importante? – Pensando estrategicamente.

Você decidiu que o carro principal da família tem sido um servidor bom e fiel, mas logo mais chegará aos anos de alta manutenção. Assim sendo, no sábado à tarde, você o dirige até o Feirão de Automóveis, um show de carros realizado na rua, onde várias concessionárias são representadas. Quando entra na rua de acesso, dá uma olhada nos lotes de carros, sem saber que cada um desses carros está conversando com você, cada um deles fazendo uma promessa da marca. O que você está experimentando é a comunicação do design, também conhecida como linguagem do design, e a maioria das linhas de produtos de empresas bem-sucedidas tem o toque de um designer, um designer que conscientemente orquestrou o que você ouve, vê e sente em uma resposta específica do emocional.

Esta idéia é uma parte importante da sua estratégia de design, e deve ser considerada e desenvolvida cuidadosamente. O "som" de uma porta se fechando firmemente, o circuito de instrumentos no painel, a posição e formato do câmbio, e todos os aspectos do design externo – sendo que o último é a primeira impressão que você tem de uma linha de automóveis e como consegue distingui-los mesmo se os vir na estrada sem seus emblemas.

Você pára perto da concessionária da Volvo e os veículos estão lhe dizendo: seguros, firmes, bem construídos e dignos de confiança. Mas, realmente, alguns deles parecem que foram desenvolvidos a partir de caixas de sapatos de metal tentando ser aerodinamicamente eficazes. Talvez ele sirva para uma "mãetorista" que leva seus filhos para a escola ou algum evento, mas você se identifica mais com coisas esportivas, então segue em frente. Você não pode ter segurança, confiabilidade, engenharia de qualidade como essa, e ainda assim ter um carro que seja seguro em estradas sinuosas e com boa aparência quando deixá-lo no serviço de valet de um restaurante chique?

A próxima concessionária é a BMW, e esses carros estão realmente falando com você. As linhas de modelos parecem todas compartilhar o mesmo DNA. Seu coração acelera e você "se liga". Desce do carro que logo será aposentado e caminha ao redor de um "Bimmer". Ele é diferente quando visto de cada ângulo, mas emocionante com seu corpo comprido e perfil liso, que combina com uma aparência esportiva e ainda assim agressiva. A distintiva grade frontal em forma de rim, que você reconheceria em qualquer lugar, sugere um motor grande que precisa de ar. Desse lado, o carro *parece* rápido, graças à sinergia convexa e côncava que a forma cria. Você não sabe nada disso, apenas tem as sensações e emoções que experimenta. A linha do teto se alisa para trás em um afunilado gradual que estende seu senso de proporção de todo o carro. Da parte de trás, você vê a forma do design aerodinâmico do contorno da função feita para otimizar o fluxo de ar. A frente e a traseira parecem baixas, até mesmo atléticas, e a aba frontal é curta com arcos de roda grandes, enquanto o carro se afunila para trás, em flancos traseiros levemente mais largos e potentes. Ele parece um gato pronto para atacar a estrada.

Você abre a porta e se acomoda no "*cockpit* do piloto". Pelo menos, é essa a impressão que tem; os assentos, que são separados por um console central e o câmbio, juntamente com o layout do painel ao redor, traduzem uma experiência que promete fazê-lo "voar" pela estrada. Em vez de um painel grande e separações simples, o interior é marcado por mudanças constantes, contrastando cores e texturas; ainda assim, existe uma unidade de design palpável e em camadas, com o console central se estendendo para o banco de trás, e toda a beleza dizendo, ao mesmo tempo, que tudo está onde está para uma função, para uma experiência realçada, não importa onde você esteja no carro.

Você desce do carro todo arrepiado e decide que, para ser justo, precisa ver alguns outros carros dos lotes. Entra no seu carro, o qual está começando a parecer mais velho e desajeitado do que hoje pela manhã, e se dirige até a próxima concessionária, que é a Hyundai. O que está acontecendo aqui? Muitos carros parecem familiares, e este conceito de linguagem do design, com o qual você está apenas começando a se familiarizar, lhe envia mensagens mistas. É como a Torre de Babel. Aquele modelo parece que quer ser uma BMW, e o outro ali é quase um Acura. Outro que se parece um Mercury, outro com a aparência de um Toyota, alguns lembram um Lexus e assim por diante. Você tem a mesma sensação na concessionária da Kia e decide, ao longo da fileira de concessionárias de carros, que a Toyota copiou alguns designs de carros alemães.

Assim, você começa a pensar em quais empresas têm linhas de produtos com integridade de design, autoridade e autoconfiança mostrados em todos os aspectos de seus designs. E agora está começando a entender sobre a comunicação do design e porque ele é importante.

É sobre uma história – veja bem, o que é difícil para a maioria dos homens de negócios entender é que a linguagem do design está lá para contar uma história. Ela pega a necessidade ou desejo de um cliente e tece sua história até alcançar um resultado esperado. Qualquer aula de escrita também lhe dirá que é sempre melhor "mostrar" do que "contar". Esta é a função exata da linguagem do design. Ela mostra. Para aquele indivíduo na concessionária da BMW, o cenário que se desvendava em sua mente envolvia dirigir por uma estrada sinuosa da Pensilvânia no final da primavera, fazendo curvas precisas, com o som no último volume, e por último estacionar em frente a um restaurante de beira de estrada para o café da manhã e ser reconhecido como um dos membros da elite do "Bimmer" pelos outros fregueses.

> *O que é difícil para a maioria dos homens de negócios entender é que o design está lá para contar uma história. Ele pega a necessidade ou desejo de um cliente e tece sua história até alcançar um resultado esperado.*

Entretanto, para outro cliente, que chegou à concessionária da Volvo, o cenário é dirigir de maneira segura e confiante pelo congestionamento matinal para levar os filhos na escola, deixar o Fluffy (o cocker spaniel da família) no veterinário para banho e vacina e, em seguida, dirigir-se ao supermercado, onde o espaço extra no porta-malas (melhor ainda com um "station wagon") facilita a carga e descarga das mercadorias. Sonhos diferentes, respostas diferentes, linguagem do design diferente, isto porque a linguagem do design também "define" um produto para sua base de clientes.

É sobre estratégia – podemos ver isso com qualquer produto ou serviço. Pegue uma casa, por exemplo. O comprador olha os imóveis listados e faz cada visita com um sonho ou expectativa. Por último, ele vê uma e diz: "Ah, sim. É esta. Posso ver a gente morando aqui. Posso nos ver fazendo churrascos, tem espaço para as crianças brincarem, tem muitos armários, espaço para guardar coisas e a cozinha é grande, tem bastante espaço para trabalhar". Seu estilo moderno se encaixa na sua auto-imagem, e todos os materiais e detalhes que eles usam fazem com que você se sinta confortável. Você teria orgulho de viver nessa casa. A linguagem do design para a casa está se comunicando. A casa se conectou com você. Você é aquele cliente que o designer queria alcançar, e ele teve sucesso. Para os produtos eletrônicos, isto é, a maioria dos produtos, em que é necessário ter produtos em escala e milhares de pessoas precisam comprar o produto, a comunicação do design tem que ser ainda mais consistente ao compartilhar sua história, e por isso é vital que o CEO e todas as outras pessoas "entendam" como a linguagem do design funciona, e comuniquem-na claramente, à medida que estabelecem uma estratégia para o produto.

Pegue, por exemplo, o lançamento de um novo modelo resistente de laptop da Dell em 2008, o Latitude XFR D630. Embora a propaganda conte a história, quando você pega um e o examina, a linguagem do design "fala". Ele diz: "Ei, meus filhos poderão levá-lo nas mochilas para a escola e sofrer batidas e quedas durante o uso diário". Ou uma pessoa de negócios diria: "Ele não é bonito, mas veja essas beiradas arredondadas, a alça embutida, sua aparência mais grossa e mais pesada. Este é um guerreiro da estrada. Embora custe um pouco mais, poderíamos economizar tempo de TI se cada representante de vendas carregasse um desses". A audiência-alvo está entendendo a história da linguagem do design. No entanto, a revisão de um especialista em tecnologia claramente não entendeu a história, ou a contou erradamente, tentando comparar e contrastar o resistente Dell com o MacBook Air da Apple.[29] Os blogueiros devoraram o cliente acima, e quando fizeram isso, deixaram claro que eles entenderam a linguagem do design de cada produto diverso. Pegue a máquina da Dell, feita para cumprir os padrões de durabilidade do Pentágono e se encaixar num ambiente de negócios de PC, e a compare a um dos produtos pessoais mais finos e mais delicados da Apple, e terá uma incompatibilidade de linguagem.

Pode ter certeza de que a Dell e a Apple entenderam o que a comunicação do design dos dois produtos bastante diferentes queria alcançar, ou qual história eles queriam compartilhar. Por isso, é muito importante que haja um entendimento implícito de como a comunicação do design é parte da estratégia de uma linha de produtos que deve ser entendida por todos e empregada por todos para administrar a rede de fornecimento da experiência dos clientes. Mais uma vez: todos os produtos se comunicam com os clientes. Mas você não precisa procurar muito para ver que a maioria faz isso pessimamente, conta uma história errada, ou faz promessas que não consegue manter. Você precisa ser "bastante preciso" com sua história sobre a linguagem do design. A parte sobre "como fazer", fazer com que aconteça, dependerá de você.

Todos os produtos se comunicam com os clientes. Mas você não precisa procurar muito para ver que muitos fazem isso pessimamente, contam uma história errada ou fazem promessas que não conseguem manter.

Há muitas coisas que você precisa fazer: contratar bons projetistas, mudar o modo como seu processo de desenvolvimento funciona, certificar-se de que todos os que contribuem para a experiência dos clientes entendem seus papéis e contribuições, mudar o modo de produzir para suportar um bom design, e assim por diante. Mas uma das coisas mais importantes que você precisa fazer é aprender como criar e implementar uma estratégia de design. Esta será a base de tudo. Primeiro, vamos dar uma olhada na linguagem do design para entender como ela nos leva à estratégia.

E um dos elementos críticos é como o design da experiência de seus clientes se comunica com as pessoas. Nas "trocas", nos referimos a esta idéia como a *linguagem do design*.

O Que É a Linguagem do Design?

Como ponto de partida, vamos dar uma olhada no dicionário para a definição de "linguagem":

Pronúncia: lin/gua/gem

1 a: as palavras, suas pronúncias, e os métodos para combiná-las que são usados e entendidos por uma comunidade; **b (1):** som audível, articulado e significativo produzido pela ação das cordas vocais; **(2)** um meio sistemático de comunicar idéias e sentimentos através do uso de sinais, sons, gestos ou marcas convencionalizadas que tenham significados compreensíveis; **(3)** a sugestão por meio de objetos, ações ou condições de ideais ou sentimentos associados.

Na realidade, usamos a idéia de linguagem como uma metáfora, o que não fica muito fora quando contemplamos os pontos (2) e (3) acima. Toda vez que você vê um conjunto de produtos em que as funções e formas se fundiram para lhe comunicar algo distintivo e positivo, o que provoca uma resposta emocional em você, está experimentando a linguagem do design. É o trabalho conscientemente orquestrado de um projetista, seja ele Michael Graves – projetando uma de suas chaleiras coloridas e extravagantes, com seu tema distinto de ovo, como aquelas vendidas na Target –, ou Sam Farber – projetando os cabos pretos e macios dos utensílios para cozinha da Good Grip, vendidos em quase todos os lugares, que fazem com que a cozinha seja uma alegria para aqueles que sofrem de artrite.

Se você faz alguma coisa, está comunicando algo às pessoas. Se fizer mais do que uma coisa, está dizendo muito mais.

Do ponto de vista do projetista, se você faz alguma coisa, está comunicando algo às pessoas. Se fizer mais do que uma coisa, está dizendo muito mais. Um projetista holandês chamado Adrian Van Hooydonk, por

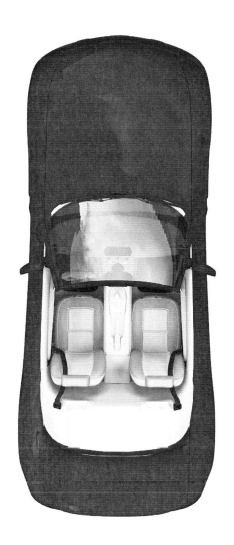

exemplo, é responsável pela maior parte da linguagem do design de que temos lhe falado quando dizemos que uma BMW fala com você quando você a vê, fazendo-lhe sentir uma forte emoção sem necessariamente saber o porquê. Em 2001, embora ainda tivesse apenas 30 anos de idade, ele era o diretor de design da Designworks, estúdio de carros da BMW e consultoria em design na Califórnia, quando surgiu com a idéia da série 7. Embora a nova série 7 não tenha sido universalmente amada à primeira vista pela comunidade "Bimmer" global, em grande parte devido à reação ao capô alto, essas sugestões de design têm, desde então, aparecido em todo o mundo de fabricantes de carros, inclusive na Mercedes, Lexus e Toyota. Por volta de 2004, Adrian assumiu a responsabilidade do design para todos os designs da BMW sob o diretor do grupo de design, Chris Bangle, e sua primeira tarefa era examinar a linguagem do design, isso porque, como ele explicou: "Mudamos nossa linguagem do design apenas porque precisávamos expandir. Logo mais teremos 10 linhas de carros. Nós tínhamos uma linguagem do design bem-sucedida, mas ela não poderia ser expandida para 10 linhas. Queríamos começar a mudança enquanto ela ainda era bem-sucedida. Isto é o que a BMW faz. Se esperar até que as coisas comecem a dar errado, a mudança será mais assustadora, mais radical. Nossa meta não era ser radical".[30]

Seguindo a idéia de que você não consegue satisfazer todo mundo e que é melhor nem tentar, Adrian e sua equipe almejavam atingir as pessoas atraídas por ter "um carro de motorista", mas a beleza tinha que estar em sintonia com o desempenho e função, isso porque, embora a compra de um carro seja uma experiência emocional, ela também precisa ser racional. "Nossa meta é comunicar – através de proporções, superfícies, postura – desempenho, agilidade e potência".[31] Isso também envolve integridade porque um carro não deve parecer do tipo que faz uma curva bem, mas na realidade não conseguir. Cada fator precisa ser honesto, arrojado e unido para lhe dar aquele friozinho que sobe a sua espinha.

A BMW precisava mudar sua linguagem do design para expandir sua linha de produtos. Assim, eles começaram a mudança enquanto ainda eram bem-sucedidos, em vez de esperar até que a linguagem não funcionasse mais.

Seus produtos se comunicam com seus consumidores por meio da linguagem do design. É uma compilação de formas, superfícies, materiais, texturas, gráficos, cores, detalhes e comportamento, todos sinalizando valor. É também como seu produto funciona, o que ele faz e como ele faz, como ele opera e soa. Pense sobre o iPod, o iPhone ou o delicado iMacBook Air que você acabou de comprar. O que ele diz quando você o vê, o segura, o liga e o usa. Sua linguagem do design está falando com você, esta linguagem foi bem pensada. O desenvolvimento de um programa de linguagem do design leva tempo e dinheiro. Seu desenvolvimento certamente lhe trará benefícios óbvios.

Tenha em mente que, embora quase todos os conjuntos de produtos ou serviços personificam uma linguagem do design, eles nem sempre funcionam bem. Em muitos casos, eles refletem uma tensão entre a gerência e o design. Os clientes não sabem nada sobre o que acontece por trás dos bastidores, e nem deveriam. Entretanto, eles sentem o que está sendo comunicado a eles, e se essa mensagem for totalmente truncada, eles nem considerarão o produto ou serviço. Quando você entende o significado da linguagem do design, começa a ver muitas empresas que não entendem. Mas para reforçar nossa opinião, vamos examinar uma empresa que entende corretamente, de uma extremidade à outra, como é seu estilo de gestão da rede de fornecimento da experiência dos clientes.

Embora quase todos os conjuntos de produtos ou serviços personifiquem uma linguagem do design, eles nem sempre funcionam bem. Em muitos casos, eles refletem uma tensão entre a gerência e o design.

Quando você entra em uma loja da IKEA, sabe que não está em uma loja de móveis e acessórios comum. Como dissemos sobre a BMW, a função da linguagem do design é definir sua platéia, sabendo que esta não é para todos. A mensagem da BMW é focada. É sobre desempenho, prestígio, autenticidade, habilidade e o ótimo design alemão. Mas assim como com qualquer outra marca excelente, a mensagem é focada e uma base mais ampla de clientes é atraída por esse foco, porque ele é um desejo. As pessoas querem comprá-lo e ser aquele indivíduo focado que a BMW "almeja" com seu design.

Na IKEA, sua experiência é variada, e a mistura é, em grande parte, a linguagem do design de todos os aspectos da empresa, apontando você para onde o verdadeiro foco da loja está apontado – móveis de qualidade e bem projetados a preços acessíveis.

Na IKEA, sua experiência é variada, e a mistura é, em grande parte, a linguagem do design de todos os aspectos da empresa, apontando você para onde o verdadeiro foco da loja está apontado – móveis de qualidade a preços acessíveis. O estacionamento não era muito diferente da maioria e até agora os atendentes estavam longe da interatividade da Nordstrom. Na realidade, você caminha por uma loja bastante cheia e fica mais a mercê de seu próprio expediente. Mas o que chama sua atenção são as linhas perfeitas e a qualidade sólida e transparente dos produtos. Você também percebe como eles estão "encaixando" seus produtos na sua vida. Como eles estão te ajudando a fazer escolhas boas. E como este estilo de vida moderno faz com que você se sinta ousado, moderno e inteligente. E os preços são bons. Muito bons. Mas você tem a sensação de que tudo virá em uma caixa e você terá de montá-lo. Os produtos à mostra são ótimos, salas inteiras de como eles funcionariam permitem que você veja como cada objeto funcionaria na sua casa. Eles oferecem um período de tempo para experimentar o produto e há também um café onde você poderá descansar.

Você decide comprar uma estante para a sala e, entre um soluço e outro, a caixa já está no seu carrinho. Após passar no caixa, há uma fila e logo a caixa está no carro, enquanto o que você realmente queria era que alguém entregasse e montasse a estúpida estante. Mas você conseguiu um preço muito bom em algo que irá durar e fará com que sua casa fique linda.

Você chega em casa e se prepara para uma dessas experiências que "requer montagem", a qual faz com que a véspera de Natal se torne um pesadelo, mas você tem uma surpresa boa. Em vez de instruções confusas, em letras minúsculas e traduzidas em uma dúzia de idiomas que não são o seu, elas são ilustrações passo-a-passo, no estilo de desenho em quadrinhos, que qualquer pessoa que esteja montando a peça em casa poderá entender porque ela fala usando emoções. Você vê que o personagem do desenho fica triste quando a quina de um armário se quebra e coloca um tapete embaixo da sua área de montagem. Você se relaciona com as alegrias e frustrações do personagem e, antes que perceba, a sua peça foi montada e está ótima. Quando seus produtos são mostrados e despachados ao redor do mundo (em aproximadamente quarenta edições, para quase trinta países, em mais de uma dúzia de idiomas), qual é a melhor maneira de evitar repetições desajustadas e alcançar uma montagem limpa e simples do que usar a linguagem da emoção? Isso tudo é parte da linguagem do design que almeja alcançar e se conectar com as massas em ascensão social, aqueles que buscam um bom design, um estilo de vida moderno e qualidade a preços justos. Eles estão comunicando isso para você por meio da loja, dos cartazes, do layout e, é claro, dos produtos. Em tudo. Tudo tem a ver com como o design se comunica com você, e com você receber a mensagem em alto e bom tom.

Falando em Línguas

Você pode ver que muitos gerentes têm problemas em abraçar a importância da idéia de perceber que a linguagem do design, até certo grau alto, se engaja emocionalmente com a base de clientes pretendida (ou cliente potencial), em vez de se engajar primariamente através da lógica. Para eles, este é um conceito difícil de entrar em suas cabeças. Parte da resistência vem do temor de desistir do controle em um ambiente voltado para o design. Mas se tudo isso for abordado da maneira que temos sugerido – como a gestão da rede de fornecimento da experiência dos clientes – a alta gerência de qualquer empresa terá bastante participação em como as coisas são feitas, e eles também serão parte da história de sucesso que se desenrola.

Embora a cabeça do design não precise ser o rabo que abana o cachorro, em uma empresa voltada para o design, o design permeia tudo. Na Apple, até mesmo os avisos da empresa que são colocados nas paredes passam pelo departamento de design para certificar-se de que a empresa está usando uma linguagem unificada, aquela que aparece em todos os produtos e serviços. Infelizmente, quando a maioria das empresas decide definir e criar sua linguagem de design, elas fazem-no por muitos motivos bem intencionados que basicamente as fazem perder o foco.

Em nossa experiência, os clientes que pedem uma linguagem do design própria citam a necessidade de diferenciação e consistência, e querem economizar ao nivelar tempo, recursos e materiais. Todas são boas razões.

Mas o mais interessante é que poucos citam a comunicação com os clientes ou a definição da marca ou o relacionamento com os usuários finais como razões para investir em projetos de linguagem. O que está errado com esta maneira de pensar é:

- Consistência nem sempre é a resposta certa. Muitos de seus produtos precisam se diferenciar dos outros. Mas isso deve ser feito de propósito, não por acidente.

- Pensar somente nos concorrentes faz com que você saia de cena. É preciso esculpir sua posição competitiva, mas os valores centrais da linguagem devem ser mais permanentes. Mais sobre você. Os mercados e tendências mudam rapidamente. Você deve se adaptar a essas mudanças, mas manter-se firme aos seus valores centrais.

- Nivelamento é algo bom, operacionalmente, mas pode criar compromisso. Não importa se você economizou tempo ou dinheiro dessa maneira se ninguém quer o produto que você vende. Tenha cuidado com o nivelamento. Ele sempre soa bem, no papel. No final, tem tudo a ver com ótimas idéias e ótimos produtos e serviços. Inadequadamente, economizar alguns trocados ou um pouco de tempo poderá aniquilar essa idéia.

O motivo mais freqüentemente despercebido ao pensar sobre a linguagem do design é que seus produtos falam com as pessoas – diz a elas coisas sobre o que ele faz, como ele faz e o que é sua empresa. Ele se conecta com elas e também lhes diz algo sobre elas mesmas. Não com todo mundo, mas com certas pessoas. Faz sentido pensar sobre quem e como, e fazer todo o possível para se conectar com eles de maneira poderosa.

O papel do design aqui precisa ir muito mais além do que simplesmente formas ou detalhes, ou a seleção de motivos tridimensionais para diferenciar a posição desejada de uma empresa no mercado. Em vez disso, o design deve criar produtos e serviços que dramatizam os valores centrais da empresa na forma de experiências concretas de clientes e respostas emocionais.

Mais uma coisa – isso não é exatamente algo simples de fazer.

> *O papel do design aqui precisa ir muito mais além do que simplesmente criar formas ou detalhes para diferenciar a posição desejada de uma empresa no mercado. Em vez disso, o design deve criar produtos e serviços que dramatizam os valores centrais da empresa.*

Chegando à Sua Própria Linguagem do Design e Estratégia

A criação da linguagem é um processo, não um evento.
Negócios são um processo, não uma entidade. Os negócios bem-sucedidos constantemente se adaptam às mudanças. Eles se comportam mais como organismos do que como organizações. A criação de uma boa estratégia do design precisa reconhecer isso. O pensamento da escola antiga é sobre a criação de regras e limites, criando, assim, sistemas de design que recompensam uniformidade e consistência para uma falha. O problema é que, no mundo de hoje, eles ficam ultrapassados antes que a tinta seque, e a realidade é que tamanho único não serve para todos. O que precisamos são novos sistemas de linguagem do design que sacrificam essas qualidades rígidas em favor de manterem-se vivos e dinâmicos.

Isso é algo que você precisa construir em tudo que faz. Não é algo construído de uma vez só. É um aspecto em "tempo real", sempre presente, de como você administra o que seus produtos ou serviços dizem. A linguagem do design, como algo vivo e a ser usado nos dias de hoje, está em sintonia com nossos mercados mais convencionais e aqueles que estão dispostos e ansiosos em articular suas necessidades, desejos e sonhos, assim como sua insatisfação verbal quando estes não são cumpridos. Ela conta uma história que se desenrola com o tempo. Ela cria relacionamentos por meio de descobertas e satisfação.

Design não é uma declaração, mas um diálogo. É uma história que precisa ser escrita de maneira coesa e fluente.

Design não é uma declaração, mas um diálogo contínuo. Você precisa entender a história que seus clientes querem ouvir, e esta precisa ser escrita de maneira coesa e fluente, não construída por blocos amontoados. Pense novamente na palavra *orquestrar*. Tudo precisa se unir, como parte de um plano estratégico baseado nas emoções dos clientes.

O modo como você faz para criar e desenvolver uma linguagem específica do design para suas linhas de produtos ou linhas de serviços depende do que você quer dizer aos seus clientes-alvo. A mensagem deve ser consistente, reconhecível e baseada em uma fundação emocional.

Comece desenvolvendo quem você é.
Não importa quanto você saiba o que é, você precisa experimentar uma auto-percepção renovada, "conhecer a si mesmo", como diria Sócrates. Você precisa explorar e desenvolver um entendimento mais profundo da experiência da sua marca e produto. Para descobrir sua marca, vamos voltar às perguntas de Marty Neumeier que apresentamos no Capítulo 3, "Como Ser Importante":

- Quem é você?

- O que você faz?

- Por que você é importante?

Afirmamos anteriormente que a maioria das empresas não tem dificuldades com a primeira pergunta, alguns problemas com a segunda e nenhuma dica sobre a terceira. Por exemplo, você está nos negócios automotivos ou está nos negócios de criar um meio de transporte confiável e acessível ideal para uma base selecionada de clientes? Se você desaparecesse, os clientes ficariam indiferentes e sem esforço algum passariam para um concorrente ou eles reclamariam tão claramente como milhares e milhares de pessoas fizeram quando a Coca-Cola passou para New Coke? Ou pior, sua empresa poderia seguir o curso do pássaro Dodô, da Polaroid ou da Sharper Image. É melhor obter ajuda profissional se quiser entender o quadro geral mais clara e candidamente. Como as pessoas, as empresas são propensas a se elogiar e não ser brutalmente honestas consigo mesmas como deveriam. As pessoas de fora, nesse caso, são melhores porque elas podem ser objetivas e realmente ver quem você é, não quem você *pensa* que é.

Caracterize o que faz com que sua empresa seja vital.

Entenda se e por que você é importante. Defina seus atributos. Você deve elaborar um conjunto administrável de palavras que descrevam quem você é e o que oferece. Em seguida, examine as qualidades básicas que comunica, as idéias que compõem seus produtos e os valores que as pessoas devem perceber. Use o que você descobre sobre você mesmo como um diálogo com as pessoas, de dentro e de fora, para chegar a um acordo sobre o que realmente são seus produtos. O que você aprender deverá se tornar parte de suas metas e formas de medir. Há muito tempo atrás, L.L.Bean e Abercrombie & Fitch tiveram que acordar e dizer: "Ei, não somos mais empresas de materiais esportivos. A maior parte de nossas vendas vem de roupas, sapatos e acessórios para os jovens *yuppies*. Precisamos nos readaptar para isso". E foi o que fizeram.

Seja dono da idéia de quem você é.

Aloque recursos para o desenvolvimento dessa idéia. Talvez isso signifique trazer um consultor em design, contratar pessoas de design ou converter toda a sua empresa como fez a Samsung. Mantenha um diálogo constante dentro da sua organização para continuamente refinar e aprimorar sua abordagem. Ouça e escute o que seus constituintes pensam, mas não simplesmente reaja ao que eles dizem. Não perca muito tempo estudando a concorrência. Como a sua marca, sua identidade é um organismo vivo no âmago de seus clientes, como os fiéis da Harley-Davidson.

Você deve não apenas escutar o que seus clientes dizem, mas interpretar o que eles expressam, e a partir daí fazer inferências sobre o que eles pensam. Em vez de grupos de foco e pesquisa tradicional, observe o que as pessoas fazem, o que elas usam, como elas vêem, se sentem, escutam, tocam e interagem com todos os aspectos de um produto. Você precisa personificar o que elas sabem, entender como elas se sentem, mesmo se não expressarem ou comunicarem tão claramente como gostaria, e a partir daí apreciar seus sonhos – o que elas realmente querem ou precisam. Quando entender isso, descobrirá que precisa mudar o modo como faz as coisas.

Você apenas consegue fazer isso se houver um compromisso de toda a empresa com uma forte liderança em todos os níveis e, especialmente, absorção absoluta da alta gerência, porque uma mudança parcial, ou um ajuste menor, ou uma sacudida aqui ou ali, é o tipo de band-aid em um balão que marcou a extinção de empresas que achavam que eram importantes, mas descobriram que não eram. Você precisa incorporar uma estratégia de design que aja como uma ferramenta de anulação para usar na gestão da rede de fornecimento de experiências para ajudá-lo a guiar esses desenvolvimentos voltados para a experiência dos clientes de todas as suas extensões para sua base de clientes almejada.

Foque nos comportamentos dos produtos tanto quanto nos visuais. Não veja apenas como as coisas se parecem, mas como elas soam, como operam e como funcionam.

Incorpore-a.

Você precisa garantir que o senso revisado obtido da experiência dos clientes seja incorporado na linguagem de quem você é, o que você faz e porque é importante. É preciso trabalhar para criar um design de produto que suporta os. atributos da marca e trabalha para promover a proposta. Olhe a sua linha e priorize os atributos para cada oferta. Chegará a uma abordagem unificada que se estende por elementos diferentes, físicos e operacionais. Isso significa focar nos comportamentos dos produtos, tanto quanto nos visuais. Não veja apenas como as coisas se parecem, mas como elas soam, como operam, como funcionam. O que você quer que as pessoas sintam quando entram em contato com sua empresa? Construa o tipo de cenário que elas devem experimentar, escreva histórias que sua linguagem do design deveria compartilhar. Isso leva à construção de uma estrutura emocional perfeita para sua empresa e marca que lhe permite usar palavras e ideais que possam ser definidos tangivelmente para criar uma visão ideal.

A partir daí, crie protótipos da experiência na forma mais pura do que você quer que seu cliente veja. Estas serão coisas reais – modelos, caixas, amostras, lojas e daí por diante –, mas também compartilham ideais, filosofia e condições limítrofes para sua experiência. Em seguida, teste-os. Não apenas em termos de popularidade, mas para ver o que as pessoas realmente pensam. Como o produto faz com que as pessoas se sintam? O que elas ganham com ele? O que as agrada ou, mais importante, o que as desagrada. Refine tudo e em seguida incorpore isso ao seu processo.

Se o design excelente dependesse apenas de pesquisas, haveria mais designs excelentes.

Tudo que você faz deve dar suporte e ser consistente com a marca. A experiência dos clientes deve ser a parte da marca que identifica e define seus produtos. Pense também em se direcionar para alcançar ícones e avatares (como usado no sentido derivativo de design para um produto – produtos derivados que claramente se encaixam ao conjunto ou linha).

A criação de um produto icônico proporciona um efeito auréola por toda sua linha de produtos, o que elevará o valor de todos seus produtos. Ela serve para redefinir quem você é e apontar sua linguagem para uma direção totalmente nova. O truque é descobrir como nivelar o ícone de maneira significativa (veja a história do Razr no Capítulo 1, "Design É Importante"). Um único produto, que é um portal excepcional para todo um espectro de experiências que importam para os clientes, pode fazer ou refazer toda uma empresa, como é o caso do iPod. É importante aproveitar essas oportunidades para apresentar sua linguagem na sua forma mais pura e mais icônica.

Você precisa observar as tendências, mas ignorá-las quando se fala sobre sua marca. Há perigo nas tendências surfáveis. Quando elas acabam, você está ferrado. É melhor ser você mesmo e ver as tendências como um contexto. É preciso manter seus produtos flexíveis e redimensionáveis. É um mau negócio quando uma linguagem prejudica um único produto pelo "bem de todos". Uma boa linguagem do design não tem nada a ver com um design singular redimensionado para encaixar qualquer produto que você queira enviar. Isso pode realmente danificar um produto que sua linguagem existente simplesmente não redimensionará. Em vez disso, uma linguagem boa é um *ethos* e uma idéia com um vocabulário bem definido para fazer com que as coisas se encaixem. Você constrói suas declarações de design usando esse vocabulário. Você não comprime uma idéia bem-sucedida do passado e a encaixa à força em seu futuro. Em vez disso, como fez a BMW, evolui sua linguagem do design para informar as linhas em expansão.

A linguagem do design não é de maneira alguma uma "ordem para avançar", mas deve ser suficientemente flexível para permitir que cada produto seja seu melhor produto. Você precisa administrar tudo isso continuamente. Não é uma ciência. É preciso discussão, desenvolvimento contínuo, cuidado constante e percepção, e é por isso que é melhor buscar ajuda profissional em design. Mais uma vez, linguagem é um processo, não um evento. Ela será desenvolvida com o tempo. Mantenha-se focado. Continue dialogando e construindo um entendimento compartilhado. É assim que sua linguagem se desenvolverá.

No próximo capítulo, "tudo se reúne", à medida que reunimos todos os elementos para que você possa considerar o que será preciso para "dar um passo adiante" e tornar-se uma empresa mais focada em design.

Construindo uma Cultura Voltada para o Design

Você precisa projetar e construir sua cultura organizacional para atender a experiência pretendida dos clientes. Se não fizer isso, não conseguirá alcançar sucesso duradouro.

Por todo este livro, vimos muitos exemplos de empresas que entendem e outras que não entendem. É o seguinte: é possível que daqui a cinco anos algumas empresas possam ter escorregado, enquanto outras poderão se reerguer. Ver como estão se saindo ultimamente as empresas que foram oferecidas como modelos em livros como *In Search of Excellence*, *Built to Last* ou *Good to Great* tornou-se um esporte com espectadores, especialmente se parecer que elas falharam ou perderam um pouco do jeito. Acreditamos que existem lições para todos nós se procurarmos aprender em vez de querermos estar sempre certos. Idéias são importantes. Comece com as idéias, e as especificidades do "como fazer" aparecerão. O que vem a seguir são algumas pinceladas mais amplas.

A vida e os negócios têm tudo a ver com mudanças, e estes pedem uma abordagem que se centraliza em uma cultura construída para lidar com a mudança. Uma empresa voltada para o design tem isso. Quem somos nós para dizer que empresas como a Apple, a IKEA, a BMW e outras não tropeçarão? Mas é menos provável se elas se mantiverem fiéis ao curso em que se encontram. Assim sendo, não estamos lhe dando modelos para observar e copiar, mas exemplos do que funciona ou não funciona para que você possa entender a abordagem voltada para o design e usá-la você mesmo. Tiramos exemplos de uma série de produtos e serviços para ajudá-lo a começar a pensar de uma maneira generalizada sobre como o design afeta todos os aspectos de quase tudo. Depende de você colocar as idéias em funcionamento para poder garantir que a experiência básica abrangente de seus clientes seja algo especial. Temos testemunhado muitas reuniões corporativas em que a preocupação com a experiência dos clientes não é nem mesmo um conceito, muito menos um motivador do design. Uma cultura corporativa voltada para o design também não é um tipo de pacote que você "liga e pronto". Os básicos são adaptáveis às circunstâncias e ambientes diferentes.

Vamos examinar alguns dos aspectos centrais de uma empresa voltada para o design. Eles representam uma consolidação das idéias que temos explorado até agora. Acontece que eles podem ser arranjados para formar o acrônimo FLAVOR. Muitos livros comerciais parecem determinados a adicionar outro acrônimo à pilha existente e dão a entender que ele será o Cálice Sagrado ou a panacéia para todos os males das empresas. Bem, não estamos tentando fazer isso – mas não conseguimos nos conter. Na realidade, seria melhor se você pensasse em FLAVOR como um mnemônico para se lembrar facilmente de alguns aspectos centrais quando cria um design para a gestão da rede de fornecimento da experiência dos clientes. Aqui está o significado das palavras:

- Foco

- Longo prazo

- Autêntico

- Vigilante

- Original

- Repetível

Vamos agora explorar o significado de cada uma delas, e como elas devem estar em sincronia e trabalhar juntas.

Foco

Você chega às 11h00 no La Quinta para fazer o check-in e pergunta se poderia fazer o check-in antecipado para descansar da viagem, se lavar e se aprontar para a reunião às 15h30. Sarah, a recepcionista, responde: "Sinto muito. Não podemos deixar ninguém fazer o check-in antes das 15h00 para que as camareiras possam limpar todos os quartos". Você tenta fazer com que ela abra uma exceção, mas não é possível, ela diz. Você pensa: "Não é sobre o que é conveniente para mim. É sobre o que é conveniente para eles". Assim sendo, cancela sua reserva, vai para o Sheraton e eles deixam que você faça o check-in na hora. Em algum lugar na rede de experiência do La Quinta, alguém inventou a regra rígida que ninguém faz o check-in antes das 15h00. Ou o que é mais provável, é assim que a recepcionista ouve e percebe que este é o jeito como as coisas funcionam, e ela não tem poder suficiente para assumir a responsabilidade. Em tempo, a rigidez faz parte da experiência e o CEO começa a coçar a cabeça desnorteada, questionando-se por que os números estão em queda.

Compare essa recepcionista com o atendente da Nordstrom ou aquele do Whole Foods, que vai até o estoque buscar exatamente o que você quer. Uma enorme diferença. Uma diferença mensurável. A diferença "Você É Importante". Uma diferença de foco. Um foco sobre a experiência dos clientes. Essa é a ênfase em arquitetar claramente o produto que você lança para que as pessoas o vejam, toquem e sintam, e como elas o definem em seus corações.

O foco deve sempre estar na experiência dos clientes. Toda sua cultura organizacional deve estar alinhada para realizar este conceito.

Toda sua cultura organizacional – em outras palavras, como todos pensam, se comportam e são recompensados – deve estar alinhada para realizar o design da experiência dos clientes pretendida. Esta é a gestão da rede de fornecimento da experiência dos clientes em ação.

Esse foco no que seus clientes sentem não é apenas para os funcionários da linha de frente. Ele é essencial a todos os aspectos de um serviço ou produto. Não enfoque apenas o design da experiência e, em seguida, essa realização, enfoque também a resposta emocional dos clientes àquela realização. Procure ver se eles responderam do jeito que você queria. Observe se eles descobrem qualidades desejáveis sobre seus produtos e serviços que representam resultados ao acaso do processo de desenvolvimento, em vez de algo que foi conscientemente projetado desde o começo. O que seu cliente valoriza poderá surpreendê-lo ou, no mínimo, não ser completamente entendido. Esta é realmente a grande idéia. É muito fácil imaginar que eles valorizam o que você valoriza. Eles valorizam o que eles valorizam. E, às vezes, isso combina com o que você valoriza. Às vezes, não.

A Polaroid é realmente um ótimo exemplo de uma empresa que não entende a experiência valorizada. Isso porque o que era realmente fantástico sobre as câmeras Polaroid não era o filme, era a gratificação instantânea, o *instante*. Você clica, retira a foto e assiste sua revelação. Essa era a experiência. Era simples. Apontar, apertar o botão e a foto está pronta. Essa era a qualidade mágica de como aconteceu, e as câmeras tinham essa qualidade interessante. Se uma empresa tivesse de ser a primeira a entender a significância da fotografia digital, teria de ser a Polaroid. Isto é, foi a Polaroid quem *inventou* a experiência instantânea; este era o benefício. Mas, através dos anos, eles começaram a pensar que era sobre a câmera. Eles se preocupavam em proteger seu negócio de filmes. A pior forma de arrogância é pensar que a experiência de clientes não lhe ensina nada. Um dos cenários mais tristes é aquele no qual as empresas entendem isso, depois acabam se esquecendo, perdem-na ou tornam-se indiferentes.

Não é sobre apenas dizer sim o tempo todo. É sobre entender as necessidades e desejos de seu cliente e saber como satisfazê-los.

Se o cliente diz: "Escuta, posso colocar meu nome nos meus tênis? Estou disposto a pagar mais por isso", a Nike diz: "Pode, sim". Se uma pessoa quer sua foto numa garrafa de refrigerante, a Jones Soda diz: "Já está saindo". Se quiser o nome da sua empresa nos seus cartões de crédito corporativos, a Advanta Bank Corporation diz que sim, e isso a ajuda a se sobressair na multidão. Se você for do tipo de empresa que ainda está com os pés plantados e dizendo: "Não. Não é sobre o que é conveniente para você, mais bonito ou mais divertido. É sobre o que é mais conveniente para nós", então logo mais acabará na UTI ou em uma cova.

Mas não nos entenda mal. Não é sobre apenas dizer sim o tempo todo e dar às pessoas o que elas querem. Esta não é a abordagem correta. É sobre entender suas necessidades e desejos, e satisfazê-los. E fazer isso de maneira singularmente própria é o que faz com que elas amem a sua empresa. Isso é basicamente o que o design fará por você.

Longo Prazo

A lenda nos diz que pouco antes de sua morte, perguntaram a Mao Zedong o que ele achava da Revolução Francesa. "Muito cedo para dizer" foi sua resposta. (Na realidade, acreditamos que foi Chou En Lai, um aluno ávido da história francesa, que disse isso, embora não esteja precisamente claro quando ou para quem.) Embora não estejamos propondo este conceito de longo prazo, queremos frisar que essa preocupação, peculiarmente americana, de gratificação instantânea não é uma característica boa quando você quer realinhar sua cultura às realidades de tornar-se voltado para o design. Isso requer prática premeditada e tempo.

A Samsung é um ótimo exemplo de como usar o design nos últimos dez anos para realmente se redefinir como o líder mundial em eletrônicos. A cada ano eles se tornam melhores no que fazem, a ponto de obscurecer a Sony. Os produtos da Samsung são objetos nas listas de "sonhos de consumo" distribuídas pela mídia. Seu valor na mente das pessoas é realmente alto. Esta era uma estratégia premeditada; não aconteceu de repente. O que aconteceu foi que eles decidiram, mais de dez anos atrás, que iriam se tornar os líderes em design. Com um processo passo-a-passo deliberadamente voltado para o design, a Samsung está conseguindo obter o sucesso desejado.

É preciso um foco premeditado de longo prazo na rede de fornecimento da experiência dos clientes para produzir encantamento e gratificação instantâneos para eles.

Correndo o risco de sermos irônicos, queremos declarar que é preciso um foco premeditado de longo prazo na rede de fornecimento da experiência dos clientes para produzir encantamento e gratificação instantâneos para eles. A Apple parece ter entendido isso, assim como a IKEA, a BMW e a Harley-Davidson, juntamente com as outras empresas que citamos como sendo voltadas para o design. Mas, mais uma vez, não faça como elas fazem. Faça como *você* precisa fazer. Cada empresa deve projetar sua própria estratégia de longo prazo, feita sob medida para todos os aspectos que orquestram a realização do que importa para sua base de clientes, neste ano, no próximo e nos anos seguintes.

Como diz Ives Béhar, designer do Leaf Lamp e do laptop de $100, e fundador do FuseProject: "Design não é uma solução de curto prazo. É um envolvimento a longo prazo que exige que você pense como o design afeta tudo que toca o consumidor – do produto à embalagem, do marketing ao varejo e à experiência de levar para casa".[32]

Tudo que você realmente precisa fazer para entender esse conceito é olhar ao seu redor e descobrir as empresas que consegue identificar como voltadas para o design, e ver quem ainda está por aí. Quem se reinventa e sempre parece nova e singular em um mundo onde as coisas muito rapidamente se tornam as mesmas e evoluem em outras mercadorias. Não é suficiente fazer isso apenas uma vez, ter sucesso apenas uma vez. É preciso fazer muitas e muitas vezes, e para tal é preciso ter o design por toda sua empresa, ele precisa ser um ingrediente ativo e fazer parte do seu futuro a longo prazo.

Autêntico

Como reconhecido no caso da empresa aérea, a idéia pode ser tão sólida quanto você quer, mas se a tripulação, por qualquer motivo, não focar na criação de experiências ótimas de clientes, e em vez disso permitir que o vôo seja uma viagem em uma montanha russa aérea pelo inferno, então todos os outros elementos são perdidos. Se seu slogan é "Nós Nos Importamos", é bom que seja assim mesmo. Se seu cliente tiver essa experiência, e você é o CEO, é melhor que você e sua diretoria pratiquem comportamentos para que as experiências de seus funcionários sejam consistentes com seu slogan; que a empresa se importe com eles também. Caso contrário, eles farão as coisas mecanicamente, o tempo todo se perguntando o que é que eles realmente precisam fazer.

Autenticidade é importante. Autenticidade exige que o comportamento corporativo e individual seja consistente com o design pretendido da experiência. O resultado final é que seus clientes são mais inteligentes e mais perspicazes do que você imagina. Tem de ser real e baseado em um compromisso. Ou as pessoas sentirão e começarão a achar que estão sendo enganadas. As pessoas estão aprendendo a ficar atentas a promessas vazias.

O resultado final é que seus clientes são mais inteligentes e mais perspicazes do que você imagina. Tem de ser real e baseado em um compromisso. Ou as pessoas sentirão.

Se continuarmos com os exemplos das empresas aéreas, temos todas as outras transportadoras lutando, aí aparece Branson e funda a Virgin. Sua diretoria achou que esta era uma péssima idéia, mas ele foi adiante. A marca é um desejo (veja, a linguagem novamente). Um produto, serviço ou marca de desejo é aquele que uma parte significante do mercado deseja, mas talvez não consiga ter, ou é aquele que compartilha seu "momento" com o usuário ciente de que ele tem algo que nem todos desfrutam. Muitas pessoas, especialmente quando falamos da geração mais jovem, querem ser estrelas do rock, estar associados a algo desse tipo, e é aí onde a experiência da Virgin atrai.

Eles realmente tiveram sucesso em construir a Virgin Airlines como uma marca icônica em um curto período de tempo. Agora, o que eles fizeram diferente? E por que conseguiram fazê-lo? Por que a United e a American estão lutando para proporcionar uma experiência ótima para os clientes? (Você já deve ter as respostas.) A Virgin conseguirá manter altitude enquanto cresce? Eles construíram uma marca clássica, estreitamente focada e, para citar um de seus anúncios: "Temos mais experiência do que nosso nome sugere". Com a Virgin America, eles tentam alcançar gerações diferentes para engajar uma base muito mais ampla de clientes. O iPod era estreitamente focado na geração mais jovem e atravessou gerações com sucesso para tornar-se multigeracional. A Virgin conseguirá fazer isso? Sem o Branson? Ainda é muito cedo para dizer.

Se a Virgin America pegasse esse tipo de idéia: "Ei, somos meio que modernos", estrela de rock, e a desenvolvesse, eles poderiam ter muito sucesso. No processo de estratégia do design, eles precisam se perguntar:

A Virgin construiu uma marca clássica, estreitamente focada, que não é apenas um desejo, mas é autêntica.

"Como eles irão projetar essa experiência continuamente?". Eles têm essa marca central que é associada com os criadores de tendências, rock, esses tipos de vibrações, querem torná-la *mainstream* e ainda continuar a construir essa reserva que fará com que as pessoas queiram se juntar ao seu grupo. Se você for um transportador de baixo custo, poderá se safar com um pouco de informalidade e ser um pouco diferente. Mas não pode ser uma informalidade artificial. Tem de ser verdadeira, e isso faz toda a diferença. As pessoas conseguem discernir o que não é autêntico. Se for tudo apenas uma fachada, eles virarão a mesa em você como fizeram com a Motorola.

Um bom exemplo da estratégia de design que alcançou e manteve a autenticidade foi o ThinkPad da IBM. Como especulamos anteriormente, será interessante, talvez até triste, ver o que a Lenovo fará agora que adquiriu a linha do ThinkPad. Se a empresa não "entender" o que faz com que o produto seja importante para seus clientes, eles provavelmente o destruirão. Se você examinar a IBM quando eles começaram a linha do ThinkPad, verá que eles pegaram parte do sentimento corporativo de seus produtos, e em seguida veio Richard Sapper, que desenvolveu esse produto mínimo, com aparência funcional e quase que a nível militar. Eles perceberam que o produto impressionou as pessoas de negócios, e continuaram a desenvolvê-lo e refiná-lo. Um posicionamento estratégico está bastante claro. Quando você pensava em notebooks ao redor do mundo, as duas marcas icônicas eram o ThinkPad e o PowerBook. E eles são bastante diferentes. A IBM abertamente continuou fazendo isso, dizendo: "Seremos diferentes da Apple".

Se uma pessoa de negócios, interessada em design, tivesse de comprar um notebook com plataforma Windows, nove de dez escolheriam um ThinkPad. A IBM não é necessariamente uma marca legal, mas é autêntica, usada claramente como uma estratégia de posicionamento contínua. Com muito sucesso, a Lenovo agora precisa nutrir a marca e nivelar o valor que vem com a marca.

Claramente, a autenticidade também depende de você. Lembre-se do que aconteceu com a Dell quando, para economizar, terceirizou o atendimento ao cliente e muitos americanos de classe média, seja por preocupação legítima ou simplesmente xenofobia, reclamaram que não conseguiam entender os representantes do atendimento ao cliente. Isso era quase um ponto crítico em reverso – em que uma empresa faz algo que a prejudica. Assim sendo, a Dell bracejou e entrou no modo de controle de danos, e talvez tenha gasto todo o dinheiro que achava ter economizado para consertar as coisas. O mesmo aconteceu quando a Home Depot tentou economizar ao trocar seus funcionários por uma força de trabalho mais barata em vez de continuar com sua estratégia básica, que era empregar empreiteiros aposentados que realmente conseguiam transmitir a promessa "você consegue fazer, nós poderemos lhe ajudar". A perda de autenticidade nem sempre vem de questões financeiras, embora freqüentemente este seja o caso, e o público consegue sentir o cheiro de trapaça juntamente com as promessas quebradas.

É tão fácil destruir ou danificar tudo que foi construído. Alguns gerentes da linha de frente tomam uma decisão louca e ninguém a percebe a tempo, e isso pode destruir sua marca. A JetBlue é testemunha disso. A empresa estava subindo aos céus com uma base comercial borbulhante e com uma experiência singular e autêntica, e então, repentinamente, deixa as pessoas encalhadas por onze horas na pista de decolagem e as coisas começam a escorregar. O golpe inicial não foi culpa deles; foi culpa do clima. Mas dentro de poucas semanas, a tripulação já não estava mais contente, os lanchinhos foram reduzidos e a energia autêntica começou a desaparecer. Durante o percurso, o preço de suas ações havia caído de $27,00, quando voavam alto, para aproximadamente $5,00 (quando este livro foi escrito). Em uma pesquisa recentemente lançada, a JetBlue ficou entre as três primeiras em satisfação dos clientes e está novamente ganhando altura.

A perda de autenticidade nem sempre vem de questões financeiras, embora freqüentemente este seja o caso, e o público consegue sentir o cheiro de trapaça juntamente com as promessas quebradas.

Autenticidade é, novamente, algo que abrange todo o sistema. Se a Betty, no caixa do Walmart, traz mais clientes para sua fila, mas o gerente não entende que o que está acontecendo é a autenticidade em ação, este será, então, um evento aleatório, largamente desperdiçado no que diz respeito ao impacto na cultura corporativa. Falta autenticidade em um produto quando algo parece que irá durar para sempre, mas a porcaria do produto quebra assim que você o traz para casa. E a autenticidade realmente passa para o lado obscuro quando você tenta consertar ou substituir o produto porcaria e é atendido por um representante do atendimento ao cliente que rapidamente percebe que não irá durar nessa função. Autenticidade é algo que você não consegue falsificar em nenhum nível. As conseqüências por ser pego tentando falsificá-la podem ser terminais.

Vigilante

Você precisa estar constantemente em cima da rede de fornecimento da experiência dos clientes. Mudanças acontecerão. Isso é um fato. Parte da sua vigilância será observar seus concorrentes, mas não desperdice muitos ciclos achando que o inimigo está aí. O inimigo é você, caso considere a Polaroid, batida no jogo que ela mesma inventou. É preciso ser implacável para fazer com que o design excelente chegue ao mercado. É preciso suar a camisa. Por exemplo, os projetistas da Apple gastam 10 por cento de seu tempo em conceito e 90 por cento na implementação.

A vigilância voltada para o design é uma percepção considerada. Não é a paranóia completa que faz com que você determine sua estratégia baseado no que a concorrência faz. O pessoal na BlackBerry obviamente está ciente do iPhone. Se eles estiverem sendo sinceros com sua própria cultura, eles também estão de olho no futuro e em uma estratégia de design que ajudará a manter sua marca viva e vigorosa no coração de seus clientes. Enquanto escrevíamos este livro, os aparelhos da BlackBerry tinham aproximadamente 40 por cento do mercado de *smartphones*, enquanto o iPhone acumulou aproximadamente 25 por cento (em pouco mais de seis meses). A Apple está agora empregando sua habilidade excepcional para fazer com que o iPhone empresarial seja fácil de usar e adicionou e-mail com um toque, um Software Developers Kit oficial e um modelo de distribuição brilhante para os aplicativos nativos do iPhone. A Apple está preparada para ser o jogador dominante no espaço de *smartphones* na próxima década ou mais.

Sabemos que estamos usando muito o exemplo da Apple, mas é onde queremos chegar. A meta era fazer um aparelho de telefone móvel que as pessoas adorassem. O iPhone oferece uma excelente experiência de usuário. Fim de história. A abordagem da Apple ao design – um foco vigilante no que importava para o usuário final – direcionou o desenvolvimento e deu forma a toda a tecnologia para obter uma maravilha de convergência. A Apple mudou o jogo. Agora todos os outros estão comendo poeira. A Research In Motion (RIM), fomentadora do BlackBerry, está sob muita pressão. Eles definitivamente precisam ser importantes para seus clientes atuais. E precisam continuar liderando com design de uma maneira que seja autêntica e implacável. Eles não podem começar a correr atrás.

Vigilância é também "olhar para a frente", assim como manter um registro do que está se passando ao seu redor. De certa maneira, é como uma *due dilligence* (cautela devida) contínua. Você quer fazer um prospecto e prognóstico sobre as tendências futuras à medida que elas estão se formando. A produção continuará sua mudança para a Orla do Pacífico ou facções continuarão a se expandir no Brasil, México ou outros locais? Em uma viagem recente à China, encontramos um designer líder em calçados que estava fazendo a jornada de transferir certas linhas de produção para o norte do Vietnã porque era mais barato. Como uma sociedade global, nós entendemos a mensagem básica da campanha "Não Tem Preço" da MasterCard, em que "tem coisas na vida que o dinheiro

Vigilância é também "olhar para frente", assim como manter um registro do que está se passando ao seu redor. De certa maneira, é como uma due dilligence (cautela devida) contínua.

não compra, mas para todas as outras...”? No final do dia, tudo tem a ver com a experiência. Um foco implacável no preço e nas estruturas de custo pode facilmente degradar a experiência dos clientes a ponto de ninguém mais se importar com você.

As pessoas pagarão um prêmio por experiências melhores. Na realidade, talvez essa seja a *única* coisa pela qual elas consistentemente pagarão um prêmio. É um conceito difícil de ser entendido pela turma do Excel.

Mais do que nunca, vigilância é trabalhar com design ótimo por todo o sistema. Se você tirar os olhos da bola, ela será perdida. Essa é a natureza humana.

Porém, mais do que nunca, vigilância é trabalhar com design ótimo por todo o sistema. Se você tirar os olhos da bola, ela será perdida. Essa é a natureza humana. As forças naturais da entropia. Para fazer designs ótimos, você precisa estar disposto a investir por toda a rede de fornecimento da experiência dos clientes. No caso de um produto, não é apenas o conceito, mas também cada detalhe, até que este chegue às mãos de seus clientes. E um pouco além.

Original

Talvez você pense que originalidade significa apenas ser diferente, não-convencional, despreocupado. Este é um ponto de vista, mas esta é realmente a área onde a abordagem ao risco importa e a abordagem à pesquisa importa. A pesquisa poderá, na realidade, restringir a originalidade, especialmente quando se trata do estilo comunitátio de pensamento encontrado nos grupos de foco tradicionais. O valor da pesquisa para a atividade de design e para o entendimento da experiência de clientes depende de quem a conduz. Algumas pessoas fazem-na muito bem, enquanto outras não a fazem tão bem e outras pessoas definitivamente não a fazem. A Apple faz muito pouca pesquisa.

A pesquisa é uma ferramenta para ser usada e aplicada apropriadamente. Não é o fim de tudo. Muitas vezes, se usada inapropriadamente, ela poderá, de fato, levar a um design ruim ou, até pior, a um design medíocre. A meta da pesquisa não deve ser puramente uma amostra da opinião pública. A meta da pesquisa, em relação ao design, é descobrir uma oportunidade, projetá-la, em seguida, validar o que você conseguiu para ver se está certo. É claro que existem várias formas de pesquisa e maneiras diferentes de entender as demografias e saber o que é que certos setores de pessoas gostam ou não gostam. Quando estiver desenvolvendo produtos, é importante entender tudo isso, quem você almeja, assim como as experiências que quer proporcionar. A pesquisa torna-se uma armadilha quando ela passa a mitigar o risco. A antiga armadilha de "vamos sair e testar alguns grupos pequenos de pessoas e ver o que elas acham do nosso design".

O desafio é que designs realmente bons e inovadores têm a tendência de quebrar as regras, e muitas pessoas não conseguem entendê-los. Elas gostam do que conhecem. Elas gostam de coisas familiares, talvez um pouco além de familiar, mas não muito. Você apresenta algo novo às pessoas dessa maneira e a maioria não votará em algo que seja muito original. Elas até poderão votar se tiverem a oportunidade de experimentá-lo por um tempo. Mas não conseguem articular uma experiência que ainda não tiveram. As pessoas têm dificuldades em se afastar de sua idéia normal sobre o que é um produto e o que ele faz. Recentemente, observamos um exemplo que foi desenvolvido de maneira cuidadosa e extensa para criar uma nova e fantástica experiência. Entretanto, quando do seu lançamento, o produto foi recriminado pela mídia e blogs. Neste caso, a grande maioria das revisões negativas era de pessoas que nunca realmente tinham visto o design "em pessoa", nunca o usaram. Mas os "primeiros adotadores" que experimentaram e usaram o produto adoraram-no. A lição principal aqui é que, embora a reação inicial das pessoas fosse muitas vezes negativa, à medida que crescia a propaganda de boca-a-boca dos usuários delirantemente felizes, o aparelho passou a ser reconhecido como o melhor que já foi criado na sua categoria. E o fabricante não consegue fabricá-lo suficientemente rápido.

A pesquisa em design não deveria ser um concurso de popularidade, isso porque muitas pessoas nem sempre conseguem se relacionar com novas idéias ou entendê-las completamente.

Assim sendo, a chave para usar a pesquisa eficazmente é identificar seu cliente alvo, observar sua vida, descobrir as coisas que lhe causam problemas, descobrir as coisas que lhe causam prazer, todo esse conteúdo em nível emocional, e usar essas informações para sair e desenvolver idéias.

Gostamos de usar a regra dos 80/20. Você quer que 80 por cento do mercado adore seu produto. Mas também quer que 20 por cento sinta-se desafiado por ele.

Mais adiante, mais tarde, quando achar que tem algo, coloque-o perante as mesmas pessoas e veja se elas conseguem ligá-lo, se elas conseguem encontrar o botão de energia ou não. Você quer saber como as pessoas se sentem sobre ele, o que não é a mesma coisa que saber se elas gostaram dele. Se você aceitar isso antes de idéia ter sido transformada em um produto voltado para o design, verá boas idéias demolidas ou diluídas apenas por tentar construir um pouco de consenso entre um grupo diverso de pessoas. Em se tratando de construir uma marca de sucesso, você precisa focar, portanto não querer tentar satisfazer todo mundo. Certamente você quer encontrar algo que não ofenda muitas pessoas e, acima de tudo, quer emocionar as pessoas e trazê-las para perto de sua empresa, fazer com que elas se sintam como se pertencessem a algo. Gostamos de usar a regra dos 80/20. Você quer que 80 por cento do mercado adore seu produto. Mas também quer que 20 por cento sinta-se desafiado por este.

O risco é uma parte necessária em ser original. Na Apple, ele faz parte da estratégia deliberada há tanto tempo que agora quase faz parte do DNA cultural. Falhar é humano se você estiver tentando mover a barra para a frente. Mas se for estúpido e falhar, será rotulado de idiota e não durará. Por outro lado, para as pessoas que estão tentando fazer algo novo com uma idéia direcionada a mover-se para a frente, suas tentativas são celebradas mesmo se o produto não vender. Um dos talentos de marketing da Apple apresentou que a segunda ou terceira geração de qualquer produto sempre vende bem mais do que a primeira geração. A primeira geração teria 2,54 cm num gráfico de barra e a próxima teria 7,6 cm, a próxima teria 15,24 cm, por causa do aprendizado que ocorreu.

Em design, risco não é um palavrão. Você precisa se arriscar para chegar a algum lugar.

A Apple constantemente aprendia o que era bom e o que não era, assim a base de clientes continuou crescendo, aceitando que o produto melhoraria e antecipando essa mudança. Ao perceber que esse era o curso natural das coisas, a estratégia da Apple passou a incluir a noção de que você não deve desistir apenas porque uma idéia não vendeu 15 milhões de unidades na implantação da primeira geração. Se ela vendeu 100.000 e você descobriu o que era bom e o que não era, e pôde ver o potencial, continue em frente.

Não é uma tarefa fácil tentar equilibrar risco e pesquisa no curso da originalidade. Muitas empresas empregam uma técnica administrativa em que, com cada produto, elas estabelecem as condições limítrofes, geralmente ao redor de custos e cronogramas, e haverá também condições tecnológicas. Porém, há um problema se as equipes de desenvolvimento as virem como limites difíceis. Na Apple, costumávamos dizer à equipe: "Tudo bem jogar neste campo; se você cruzar uma das linhas, uma bandeira vermelha aparecerá e simplesmente teremos que revê-la e entendê-la". Isso não significa que você não pode cruzar uma linha. Apenas precisa saber quando *cruzou* uma.

Além da mitigação do risco, você precisa de um programa para dar suporte ao risco. Se quiser ser voltada para o design para criar produtos originais e serviços, o seu novo mantra favorito será: "Risco não é um palavrão".

179 Construindo uma Cultura Voltada para o Design

Pense em suporte ao risco em vez de mitigação. Você precisa se perguntar: "Quais condições limítrofes ao redor deste design serão quebradas se eu continuar tentando retirá-las?". O risco aqui é você tirar a alma de seu produto. É preciso um conjunto de talentos suaves, mais uma arte do que ciências, meio que "apenas saber" o que faz com que esse produto seja ótimo e onde estão esses limites. E é claro, é isso que deixa a maioria dos homens de negócios lógicos um pouco mais do que nervosos.

Em design, você precisa permitir que as pessoas tenham liberdade, pelo menos no início, para dar umas cutucadas nos limites e usar o design e a mente criativa para fazer isso. Uma regra geral, quando estiver administrando talentos criativos, é que é muito mais fácil controlar as pessoas por perto do que deixá-las se expandir e correr livremente com o passar do tempo. Visualize o processo como um funil. Você está constantemente se afunilando para encontrar uma solução. Ele deve ser sempre bem aberto às possibilidades no começo e, à medida que o tempo passa, é hora de ser mais afunilado e focado. Você o mantém meio que amplo e aberto no começo, depois o afunila. Como um homen de negócios, você constrói uma cultura voltada para o design que é organizada para proporcionar uma experiência superior ao usuário final. Isso significa que seu talento criativo é administrado dentro desse contexto. Haverá também testes; mas estes serão sempre no mesmo contexto: o da experiência de clientes e como eles se engajam emocionalmente com seu produto ou serviço.

Uma parte realmente importante de uma cultura voltada para o design é que você proporciona às pessoas a habilidade de experimentar. Fracassos são OK, contanto que você esteja movimentando as coisas para a frente.

O processo criativo é realmente muito complicado de comprimir; é realmente muito difícil. Você apenas precisa de tempo para experimentar e tentar as coisas. Isso porque, quando você é pressionado, o que faz é retornar para aquilo que você conhece.

Um dos verdadeiros desafios que você tem agora, crescente na América e ao redor do mundo, é a compressão de tempo. Se tiver uma semana para criar algo, provavelmente seguirá as coisas que conhece e poderá fazê-las e executá-las muito bem, contrário à exploração de inovações se tiver o tempo e espaço. Agora, o desafio na economia global de hoje, em que o tempo para o mercado é uma obsessão necessária, é como você aloca tempo e espaço. Se houver uma oportunidade de mercado que precisa ser preenchida em nove meses, e demora oito meses para realizar a engenharia e fabricação de algo, você basicamente dá um mês para sua equipe de design. E isso acontece com muito mais freqüência do que parece. O que fazer?

Você se apressa vagarosamente. Você deve dar tempo para que a pesquisa e o desenvolvimento aconteçam no espaço de design. Você precisa fazer isso. Mesmo se isso não fizer parte do objetivo final diário de "um projeto para ser lançado em nove meses", poderá transferi-lo para fora e dizer que aqui está outro projeto, este é um estudo, este outro é algo contínuo e em longo prazo, dando, assim, às pessoas a habilidade de passar o tempo explorando, realizando tentativas e erros. É uma qualidade realmente importante de uma cultura voltada para o design, a qual, como parte de um projeto ou de um curso paralelo, você dá às pessoas a habilidade de experimentar, de praticar tentativas e erros e ter alguns fracassos, aprende com eles e segue em frente. Caso contrário, você não moverá a barra para frente, apenas ficará preso na mesma rotina.

Repetível

Em ciências, quando você completa uma experiência, nada é provado até que possa mostrar que os resultados são repetíveis. Nos negócios, isso não significa imitar você mesmo. E com respeito a ser voltado para o design, ela tem um significado muito mais carregado e dinàmico: significa ser capaz de fazer a mesma coisa novamente, apenas diferentemente.

Voltamos ao exemplo do iPhone. A história é especialmente notável quando consideramos como, em um período de seis meses, ele se tornou o *smartphone* número dois (atrás apenas do BlackBerry). A Apple conseguiu isso com um produto de primeira geração. Eles não usaram o mesmo curso de design do iPod, mas usaram a mesma abordagem criativa, que é focar na experiência de clientes e fazer um aparelho que as pessoas adoram. Você se pergunta como poderia projetar o iPod se o BlackBerry não existisse? À medida que o produto estabelece seu próprio mercado, ele continua evoluindo, como o iPod, apenas diferente porque o mercado de telefones é uma arena diferente. Ambos se beneficiaram da cultura da Apple. Quando você constrói uma cultura voltada para o design, o processo de design acontece mais rapidamente. Em um mundo onde o tempo para o mercado é crucial, a falta de uma cultura voltada para o design é, por si só, uma falha fatal.

Muitas empresas vieram e se foram. O motivo para a partida de muitas foi a inabilidade em continuar se reinventando. O conceito se aplica a quase todas as categorias e, para ilustrar ainda mais o que temos falado, por que não examinamos mais uma empresa que realmente "entendeu", uma que seja voltada para o design de uma extremidade à outra?

O motivo para a partida de muitas foi a inabilidade em continuar se reinventando.

Se você já esteve no departamento de utensílios para cozinha de qualquer loja de mercadorias em geral ou lojas especiais, como a Williams Sonoma, viu facas, descascadores, abridores de latas, chaleiras e uma série de outros produtos com o cabo preto e acolchoado. Os cabos esponjosos também têm decorações suaves nas laterais. Esses são produtos Good Grip e eles são a menina dos olhos da OXO International, uma empresa que começou com uma idéia de design.

A esposa de Sam Farber, Betsey, era uma arquiteta que tinha uma artrite nas mãos tão severa que estar na cozinha já não era mais prazeroso como havia sido; havia se tornado uma experiência difícil e frustrante. Sam havia se aposentado como CEO da Copco, uma empresa de utensílios de cozinha que ele havia fundado em 1960, conhecida pelos utensílios coloridos de ferro fundido esmaltado com cabos de madeira teca. O casal havia alugado uma casa no Sul da França para poder se divertir: cozinhar, receber amigos e curtir seu amor pela arte. Mas quando Sam viu Betsey sofrendo com os utensílios culinários na cozinha, ele colocou novamente seu chapéu de projetista.

Para Sam, não fazia sentido algum que alguém tivesse que sofrer enquanto fazia coisas que preenchiam sua paixão. Por que ninguém havia surgido com uma resposta para os mais de 20 milhões de americanos com artrite? Utensílios de cozinha estavam sempre surgindo. Muitos haviam empregado designs para fazê-los cosmeticamente atrativos e embalados para parecerem lindos nas gôndolas nas lojas. Mas se você tem artrite, não conseguirá usá-los sem dor. Tudo o que Sam tinha a fazer era observar Betsey na cozinha para perceber que ela estava tendo uma experiência ruim que um bom design findaria.

Nascia uma idéia. Farber levou sua idéia para uma empresa de design de Nova York com quem havia trabalhado anteriormente: a Smart Design. Pense bem sobre a motivação de Farber. Ele queria fazer algo significativo. E autêntico. Essa era uma boa idéia porque havia muitas pessoas que, assim como Betsey, tinham experiências dolorosas quando cozinhavam e tentavam usar os utensílios culinários básicos. Também era comoventemente doloroso para os familiares assistir alguém que eles amam sofrer para fazer coisas que costumavam fazer com prazer. Sam queria ajudar o maior número possível de pessoas, portanto um de seus objetivos era manter os pontos de preço baixo para beneficiar o mais amplo grupo possível de pessoas que sofrem de artrite. Para dar aos projetistas um interesse investido e manter os custos gerais iniciais baixos, Farber pediu à Smart Design que abrisse mão de suas taxas comuns em troca de 3 por cento em *royalties* e uma pequena quantia adiantada.

A equipe de design levou sua pesquisa para os clientes-alvo, aqueles que sofriam de artrite. Eles exploraram as limitações manuais de várias pessoas com idades diferentes, buscando fatores como a fraqueza nas mãos que surge com a idade. Eles levaram em consideração os tipos de pulsos, os movimentos das mãos e tarefas como girar, puxar, ralar, descascar e apertar. Enquanto faziam isso, a paixão deles crescia até se igualar à de Sam. Os incentivos corretos também não prejudicaram. Eles surgiram com alguns modelos e os testaram com pessoas reais até chegarem a três categorias iniciais de produtos: ferramentas para apertar, copos para medidas e utensílios (como facas e descascadores com os cabos pretos que vemos tão extensamente nas prateleiras das lojas).

A verdadeira beleza de tudo isso é que os produtos da OXO não são bons apenas para aqueles que sofrem de limitações motoras, são fáceis de usar por todos. Eles criaram uma abordagem que era extensiva e podia

A OXO criou uma abordagem que era extensiva e podia ser repetida sem perder a inovação.

ser repetida sem perder a inovação. Eles então descobriram o que era o *Gestalt* de seu design e se certificaram de que o tinham. Agora, o fornecimento de idéias da Good Grip parece interminável. E cada uma delas carrega o valor das outras. É um exemplo fantástico de virtualmente todos os aspectos do "FLAVOR".

Os produtos, como você já sabe, são um enorme sucesso. E é claro, houve aquele bando de empresas que bateu na testa e disse: "Por que não pensamos nisso?". Em seguida, correram para comerciar variações e cópias quase diretas dos produtos. Mas verdadeiro ao espírito de uma empresa voltada para o design, a OXO já estava na corrida com chaleiras Good Grip com cabos macios, abridores de latas, pincéis, raspadores e mesmo colheres de madeira fáceis de segurar com cabos alargados. Se isso fez com que os concorrentes engasgassem, não demorou muito para a OXO se juntar à Sierra Club com uma linha de ferramentas para jardim. E sabe de uma coisa? A OXO nunca amoleceu. Tudo que você precisa fazer é visitar o site da empresa na Internet (http://oxo.com/oxoHome.jsp) para ver inúmeros produtos que surgem a cada ano para um segmento leal que tem liderado o crescimento contínuo em face a todos os concorrentes.

A integridade da idéia e o lançamento contínuo de produtos novos vindos de uma fonte sempre carregada com novas ofertas têm desviado os concorrentes "abatidos" e mantido a idéia original nova e em crescimento, mesmo depois que Farber vendeu a OXO para a General Housewares Corporation em 1992, embora tenha permanecido como diretor da empresa. Por que ela foi um sucesso? Porque estava focada, tinha uma abordagem de longo prazo, era autêntica, era vigilante, permaneceu original e o processo de design era repetitivo.

Como você pode ver, o que temos falado sobre um caminho para o sucesso começa com uma idéia sobre projetar algo novo e inovador que resolve uma necessidade experimental e talvez (por enquanto) irreconhecida. A sua empresa então é projetada ao redor do preenchimento do desejo dos clientes por uma experiência melhor. Você pode fazer isso em incrementos, como uma empresa recém-estabelecida, ou por conversão, mas quando terminar, é preciso estar completamente comprometido e manter todos os aspectos ativos e em funcionamento.

Se fizer isso e não escorregar, tropeçar ou perder o jeito, terá uma empresa que é "elástica" às mudanças, estimulante para seus funcionários e clientes. Se fizer muitas coisas certas – assumir alguns riscos, cometer alguns erros, continuar aprendendo e melhorando – descobrirá que você se tornou brilhante em usar o design para proporcionar uma experiência fantástica de clientes. Seus clientes o amarão por causa disso!

9

Siga em Frente e Seja Importante

Queremos agradecê-lo por ter feito esta jornada conosco pelas últimas duzentas páginas. Esperamos que esta tenha sido uma experiência esclarecedora para você e que o tenha ajudado a entender como o design ótimo pode levar sua empresa para novos níveis.

Gostaríamos de concluir esta oferta de idéias e exemplos ao apresentar um contexto geral. Por que o design é realmente importante? Por que você deveria empreender a difícil tarefa de reestruturar sua empresa para se tornar voltada para o design? Nós mostramos exemplos de como algumas poucas empresas usaram o design para criar um enorme sucesso para seus negócios, mas qual é realmente a raiz do motivo do porquê o design poderia levá-las até lá? Bem, acreditamos que há uma idéia em um nível mais alto que direciona tudo isso.

Com o passar dos anos, nos vimos em conversas organizadas ao redor da questão: "o que é realmente que as pessoas querem da vida?". Marqueteiros fazem essa pergunta e promovem suas respostas. Assim como os psicólogos. Teólogos do curso dizem conhecê-la. E poucos de nós buscam nossas respostas todos os dias. É uma questão complexa, ponderada por séculos por indivíduos e grupos mais qualificados para oferecer respostas do que os autores deste livro.

No entanto, dito isto, acreditamos que sabemos a resposta para essa pergunta. Ou pelo menos uma resposta que importa para seus negócios. Esta resposta foi tematicamente proporcionada por todo este livro. Ela estava implícita, mas agora gostaríamos de explicitamente propô-la: *As pessoas estão buscando uma experiência ótima para se sentirem vivas.*

Embora algumas pessoas façam essa busca de maneira misteriosa, até mesmo bizarra, nós, no entanto, ficamos com esta idéia e a idéia que segue: *seres humanos fazem o que fazem com base na expectativa de que sua experiência será melhor para eles*. Trabalhamos e lutamos para melhorar nossas vidas para nossas famílias e para nós mesmos. Queremos usar nosso tempo positivamente, realizar coisas grandes e pequenas, curtir a vida e relaxar. Queremos fazer com que todos os dias sejam significativos. E queremos aproveitar o passeio.

Pergunte a si mesmo se esta é a verdade. Nós achamos que você concordará. Os seres humanos lutam para melhorar sua situação com a meta única de felicidade contínua e prazer em suas vidas. Tudo que fazemos, difícil ou fácil, tem algo a ver com o propósito de uma experiência melhor de se sentir vivo. Queremos isso para nós, nossos familiares e, até certo ponto, para a sociedade como um todo. E ao longo da estrada percorrida, queremos fazer dessa viagem a melhor possível.

Conseqüentemente, quando falamos de design, você precisa começar o design de uma experiência humana superior com a categoria de produto ou serviço. Isso significa considerar sempre o elemento humano como primário. E neste, reconhecer o impacto emocional do que você oferece. Isso parece óbvio, mas, na realidade, é difícil por causa de um paradoxo comum: *nos negócios, temos a tendência de nos afastar da maioria das coisas emocionais*. Preferimos racionalizar, medir, processar e sistematizar. Ironicamente, temos a tendência de botar fé em coisas que decididamente não são humanitárias: Ciências, Matemática, máquinas. Quando as coisas começam a parecer cinza, passamos para o branco e preto.

Mas para ser ótimo em design, você precisa abraçar a condição humana e reconhecer que quando tudo é dito e feito, é ela que lhe servirá melhor. Voltando à questão universal de *o que todos queremos da vida*, você precisa entender que a experiência que temos das coisas e lugares com os quais passamos nosso tempo pode ser constrangedora. Queremos coisas que sejam envolventes, divertidas, pessoais, úteis, produtivas e desejáveis. E emocionalmente recompensadoras.

Para um CEO ou chairman da Diretoria, tudo isso é um tiro no escuro. Você precisa colocar o design na linha de frente. *O quê? Você está pedindo que eu coloque a planta do futuro da nossa empresa nas mãos de um bando de formandos em escolas de arte?* Nós diremos que sim. Isso porque esses projetistas são as pessoas que lhe ajudarão a entender o elemento humano no seu mercado, e encontrarão meios para encantar e satisfazer, o que são, muitas vezes, necessidades não articuladas. E como dissemos, eles não conseguem fazer isso sozinhos. Eles precisam da sua ajuda assim como você precisa da deles. Escute-os. Eles são aqueles que estão em contato com a emoção, necessidade e desejo humano, e que conseguem traduzir tudo isso em uma proposta comercial estimulante. Eles são aqueles que farão com que você seja importante.

Para encerrar, cobrimos uma ampla variedade neste livro e oferecemos diversos exemplos de sucesso e fracasso para ilustrar nossa posição. São todos importantes. Queremos que você saia daqui com três idéias importantes. Se você construir essas idéias no seu negócio e se lembrar delas diariamente, estará tomando os primeiros passos para tornar-se uma empresa voltada para o design – uma que seja importante e que as pessoas passarão a amar.

1. Design é importante.

- O design excelente é o melhor meio para construir um relacionamento indireto com seus clientes e criar valor em suas vidas. É como você se conecta com eles.

- Tem a ver com uma experiência mais ampla que inclui quase tudo sobre você, seus produtos e serviços com os quais seus clientes entram em contato.

- Ele é emocional por natureza e deve ser construído tendo isso em mente. Não se afaste dele.

- Ele deve ser uma proposta autêntica, ainda assim estimulante. Não tente ser quem você não é. Seja quem você é, e seja o melhor.

- O design deve ser tratado como um dos principais elementos estratégicos da sua empresa. Poucas coisas são mais importantes.

2. Design é um processo, não um evento.

- O pensamento e o processo do design precisam estar embutidos em tudo que você faz. E acontecer diariamente. Você precisa vivê-los e acreditar neles. Você precisa administrá-los.

- Design é responsabilidade de todos. Não é trabalho apenas do projetista criar designs ótimos. O design ótimo é trabalho de todos. De cima para baixo, de uma extremidade à outra.

- A rede de fornecimento da experiência dos clientes precisa ser definida, provida de auxiliares, liderada e constantemente administrada. É o sangue da experiência de seu cliente – o que seus clientes verão, tocarão, escutarão e sentirão sobre você.

- Tudo isso exige visão, diligência e disciplina. Veja o ponto 3, abaixo.

3. Se fosse fácil, todos estariam fazendo.

- É preciso muita mudança cultural para ser voltado para o design. Você precisa chacoalhar sua empresa de cima para baixo. Esteja preparado para encontrar anticorpos no seu sistema corporativo. Lute com eles e empurre-os para frente.

- Fazer um design ótimo leva tempo. Isso é difícil no mundo de hoje, no qual tudo continua acelerado. Mas tem de ser feito da maneira correta, e isso leva tempo.

- Você tem de estar disposto a trabalhar duro. A melhor solução para os clientes é, muitas vezes, a mais difícil de desenvolver e implementar. Mas este tem de ser seu foco. Ficará mais fácil depois de algumas vezes.

- Você cometerá erros. Não se engane. Isso acontece com todo mundo, *inclusive com a Apple!* Apenas aprenda com seus erros e melhore.

- É preciso dinheiro. Não há outro jeito.

- Você precisa ter fé e compromisso. A primeira vez que explodir, não desista. Mantenha-se firme. Eventualmente dará certo.

- Confie nos seus instintos e entendimento da condição humana. Afinal de contas, você também é humano – não é?

Desejamos tudo de bom a você e a seus clientes. Realmente, tudo tem a ver com a experiência, e experiência ótima. Embora muitas vezes ao acaso, ela é previsivelmente proporcionada pelo design excelente. Faça isso bem e as pessoas ficarão mais inclinadas a amar você e sua empresa. Você será importante.

Notas

Capítulo 3

1 Leander Kahney, "Inside Look at Birth of the iPod", *Wired*, 21 de julho de 2004.

2 Tom Hornby e Dan Knight, "A History of the iPod", *Orchard*, setembro de 2007.

3 Janice Steinberg, "The 800-lb Gorilla", *San Diego Union Tribune*, 19 de janeiro de 2006.

4 Marty Neumeier, *The Brand Gap: How to Bridge the Distance Between Business Strategy and Design* (Peachpit Press, 2005).

Capítulo 4

5 Lewis P. Carbone, *Clued In: How to Keep Customers Coming Back Again and Again* (Pearson, 2004).

6 www.designmuseum.org/design/jonathan-ive.

7 Frank Rose, "Seoul Machine", *Wired*, maio de 2005.

8 Ibid.

9 www.gallup.com/poll/

10 Target Corporation, http://site.targct.com/imagcs/corporatc/about/pdfs/cor_factcard_10101107.pdf), 10 de outubro de 2007.

11 Veja a Wikipedia para o histórico.

12 Jennifer Wells, "Can Starbucks Go with the Flow?" www.theglobeandmail.com, 8 de fevereiro de 2008.

13 "Coffee break for Starbucks' 135.000 baristas: Coffee chain to close all 7.100 stores for employee training. Dunkin' Donuts offers 99 cent promotion", CNNMoney.com, 26 de fevereiro de 2008.

14 Wally Bock, "Alas, Poor Polaroid, I Knew Them...", *Monday Memo*, 22 de outubro de 2001.

15 www.satanford.edu/group/dschool/

16 "Tomorrow's B-School? It Might Be a D-School", *Business Week*, 1º de agosto de 2005.

Capítulo 5

17 Gary McWilliams, "Can Circuit City Survive Boss's Cure?" *Wall Street Journal*, 11 de fevereiro de 2006.

Capítulo 6

18 http://www1.shopping.com/xPR-Haier-XQG65-11SU.

19 Dan Tyman, "The 25 Worst Tech Products of All Time", *PC World*, www.pcworld.com/article/id,125772-page,1/article.html, 26 de maio de 2006.

20 Robert Archer, "THX to Launch Video Training Program", www.cepro.com/article/thx_to_launch_video_training_program/K320, 24 de janeiro de 2008.

21 http://buzzfeed.com.buzz/Fuego_BBQ_Grill

22 Sara Hart, "Fuego Grill", *Dwell Daily*, www.dwell.com/daily/tech-blog/8664762.html, 23 de julho de 2007.

23 Michael Bergdahl e Rob Walton, *The 10 Rules of Sam Walton: Success Secrets for Remarkable Results* (Wiley, 2006).

24 http://seekingalpha.com, postado em 23 de maio de 2006.

25 Ibid.

26 Ohlin Associates, www.ohlinassociates.com/press_room_experience_matters.aspx, 21 de maio de 2007.

27 Ibid.

28 Kit Hinrichs e Delphine Hirasuna da @Issue: Journal of Business and Design contribuiram para a pesquisa original sobre essa história.